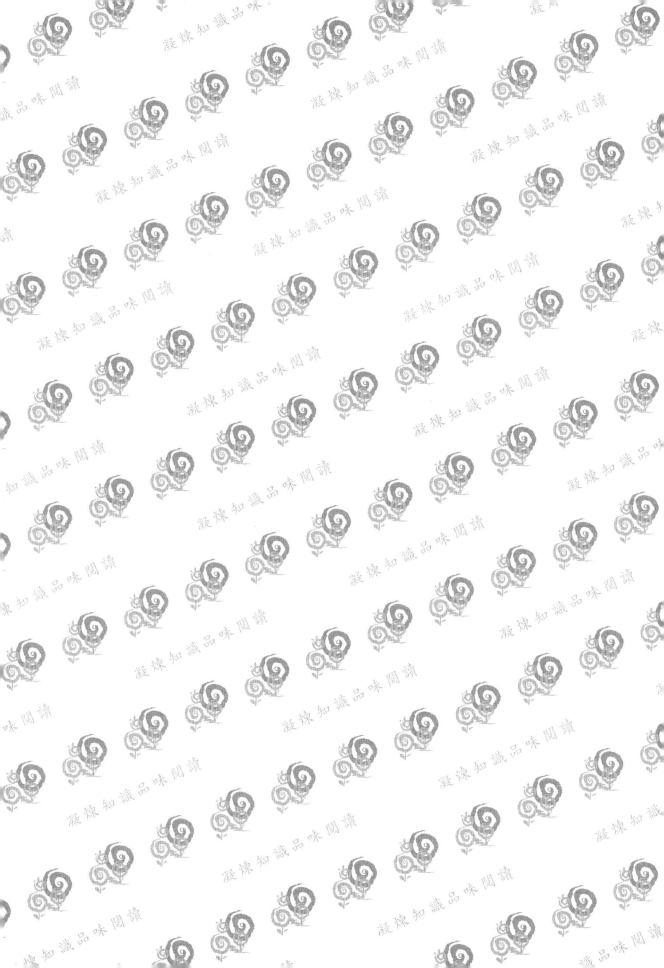

遠距教學
理論與實務
Distance Education

五南圖書出版公司 印行

陳信助、趙貞怡、李佳融、宗靜萍
李佳玲、羅素娟、柴昌維、趙貞和　著

主編序

因應新型冠狀肺炎之防疫需求，各大專院校紛紛被要求規劃與實施「線上補課」計畫或是「全面線上上課」方案，大專院校的師生們、行政人員又是如何看待與應對此一現象？「遠距教學」瞬間成為顯學，其在高等教育環境中帶來的衝擊與影響，著實值得注意。

針對後疫情時代的來臨，本書邀請七位學養豐富，在各公私立大學任教之教授，結合理論與實務應用，基於教學立場，帶有研究精神，以親身經歷與觀察，分享其在師培教育、武術教育、傳播科技、語文教學、通識教育、工程、商管等，多元領域的遠距教學設計與執行經驗，並提供各方參考，盼能作出些許貢獻，以縮短高等教育與遠距教學之間略感遙遠的距離。

因緣際會，由於申請了「教育部教學實踐研究北區跨校教師社群計畫」，得以將教育學術界的好友們聚集一起，利用發展教學專業概念，交流教學研究經驗，更促成了本書的出版。從一開始趙貞怡教授所提供「集結經驗」想法，到社群成員中李佳玲教授、羅素娟教授、柴昌維教授的積極配合；在社群活動進行過程中，又有宗靜萍教授、趙貞和教授與李佳融教授的加入，讓「集結經驗」的想法，升級成「出版專書」的實現，亦讓本書對現代遠距教學理論與實務闡述上，得以涵蓋多元領域，兼具國內外實務經驗，真心感謝這群教育學術界良師益友。

此外，中國文化大學校長徐興慶教授、高雄市立空中大學校長暨中華民國空中教育學會理事長劉嘉茹教授，以及國立臺北教育大學前校長張新仁教授，提供推薦序，如獲至寶。五南出版社高至廷執行主編與張維文責編的編輯團隊大力協助，玉成出版之事，不勝感激。

還要特別感謝學術界前輩趙松喬博士的關心與指導，是這本書成形的重要推手，以「終身學習、不斷成長」勉勵與鼓勵後進，讓後輩在出書過程中，增添信心，充滿動力。

中國文化大學 遠距教學中心

教育系／華語文教學碩士學位學程

陳信助

謹誌於澎湖

西元2021年春

推薦序1

2020年全球遭逢新冠肺炎（COVID-19）疫情，人類的互動模式已有極大的改變，遠距教學更成為各國大專校院抗疫的重要方法，數位化與資訊化對於臺灣高教發展，帶來了不小的影響與衝擊。

中國文化大學在疫情的推波助瀾，將遠距教育成為教學新常態。回顧疫情之初，在這種前所未有的情況下，如何引導全校師生關切與接受遠距教學？如何讓老師進行調整，強化數位能力以轉換教學型式？面對師生雙方都有各自的期待和目標，學校如何扮演好溝通與即時支援的角色，讓師生間能互相理解與支持？學校遠距教學「超前部署」的佈局，從阻絕疫情擴散與確保學生受教權益開始，讓教學活動正常進行，進步到考量遠距教學效能的維持與品質的保。一路走來，確實辛苦，但是整體而言，遠距教學在文化大學，已順利融入，更有創新教學、教材的產出，與學生高滿意度的成果。

《遠距教學理論與實務》一書，主編陳信助教授便以中國文化大學為例，將學校遠距教學的推展，以自身經驗，做了詳實的記錄與分享，並且邀集了七位國內外及公私立大專院校教學經驗豐富的教師，撰寫各校在實施遠距教學的注意事項，執行同步教學、非同步教學或混成教學模式的實際經驗，以及妥善運用科技與線上資源的方法，以深厚的研究及教學基礎，藉以拋磚，助益教學研究、教學實踐改進及教師專業能量的展現，「基於理論的實務」，便是本書一大特色。

後疫情時代，遠距教育的議題與挑戰仍將持續不斷。透過本書各篇中各校多元領域的遠距教學實務與經驗，建議未來有興趣實施遠距教學之大專校院老師，可以此書作為相關領域教學或研究的參考工具書。

中國文化大學 校長

徐興慶

2021年3月4日

推薦序2

　　從在空中相會，到漫步在雲端，空中大學一向是遠距教學的領導品牌。以遠距教學為主的空中大學，打破時空限制，為成人學習者提供更有效率、更經濟方便、更豐富多元的課程內容與進修管道。因此，面對數位教學越來越受歡迎今日，如何擘劃高雄空大遠距教學的藍海策略，達成遠距教學的精進與創新，對高雄空大是極為重要的課題；尤其，國內外如雨後春筍般的大量開放課程及目不暇給的資訊內容，不僅豐富了遠距教育的內涵，同時也惕勵高雄空大，在既有的數位學習平台上，增加學習即時性與學習資源的擴充，跨平台的系統相容性，讓學習者透過各種資訊裝置，在雲端盡情學習；近年來導入「iOUK高雄空大」行動版APP應用程式，讓學習者享受科技服務的快捷行動力、整合連結力、訊息即時力的三力成果。

　　回顧2020年新冠疫情擴散，對高雄空大而言，非同步遠距教學課程並未受到影響，但嘗試了創校以來最大的挑戰—將傳統到校面授課程改為同步線上直播教學，將遠距教學欠缺的那塊拼圖拼上。在同步直播與非同步遠距教學的相互配合下，不影響正常的學習進程，為成人教育開啓另一扇窗，讓高雄空大看見更多成人遠距教學的可能性。

　　本書的諸位作者任教於國內外知名大學，具有不同教學專長，面對突如其來的疫情，在線上教學盡情發揮，務求極至。誠如書中的作者提到「多樣化的遠距教學，難斷高下」，但不可否認的是，線上學習是高等教育的趨勢，只是新冠疫情加速線上學習前進的動力。回顧科技的發展，讓教學者有更多的工具可以應用在遠距教學的設計上，進而讓課程設計更活潑多樣，學習者更樂於學習，並能立即互動獲得回饋。吾人深知，線上教學確實需花費數倍於傳統教學的備課時間，但從教學者專業精進的角度思考，親身體驗教學相長，並從中獲得難得的經驗，未嘗不是一舉數得之事。

　　本書的出版讓更多對遠距教育有興趣的讀者，透過淺顯流暢的文字，領略作者們線上教學的精闢經驗；在數位學習這股趨勢下，作者們分享如何善用科技，導入多元化資源，藉由雲端匯流的合作運用，讓教與學達成人本優先、科技相輔、雲端匯流、

實用創新的目標。期待透過本書讓更多的人了解，高雄空大在遠距教育的發展，也足為其他傳統大學借鏡。

現任高雄市立空中大學校長

中華民國空中教育學會理事長

劉嘉茹

推薦序3

　　新冠病毒（COVID-19）疫情在全球蔓延。截至2021年1月27日，將近200個國家確診人數總計突破一億大關，累計死亡人數更超過兩百萬。新冠疫情在臺灣也持續升溫，臺灣確診個案累積至900人，雖然相對於其他嚴重的國家，臺灣在食衣住行上，沒有過多的改變，但為了防範疫情，教育部審慎要求大專院校超前部署，要求大型課程及活動改為線上遠距教學或會議，不同於以往的遠距教學，2020年儼然成為全球的「線上遠距教學元年」。面對各式各樣的線上遠距教學工具及平台，各級學校及師生準備好了嗎？到底要如何準備才能發揮線上遠距教學的成效呢？

　　本書集結八位國內外及公私立大專院校教師的實務經驗，將其如何設計與執行線上遠距教學的過程，分享給大家。主編陳信助博士目前任職於文化大學教育系副教授與遠距教學中心主任，分享師資培育課程的遠距教學經驗。趙貞怡博士目前任職於國立臺北教育大學課程與教學傳播科技研究所教授兼任所長，長期從事數位學習相關研究，除分享教育部遠距課程相關審查規則外，並介紹其教學設計混和課程。李佳融教授目前任職於國立臺灣師範大學運動競技學系兼任系主任，特別分享運動類武術課程實施遠距教學的經驗。宗靜萍博士擔任高雄市立空中大學電算中心主任，以空中大學的角度看遠距教學的發展。李佳玲博士為世新大學廣播電視影系副教授，以其傳播科技課程為例，並分享境外生的學習心得。羅素娟博士為中國科技大學通識教育中心人文藝術群召集人，分享通識日文課程的執行情形。柴昌維博士為中國文化大學機械工程系副教授，介紹工程科系如何進行線上教學及競賽。除了上述國內教授分享各領域執行遠距教學的實務經驗外，本書特別邀請疫情最嚴重的美國地區終身正教授趙貞和博士，分享其在美國紐澤西州立威廉派特森大學商學院的遠距教學政策與經驗，除借鏡其經驗外，亦可反思臺灣的遠距教學。

　　時下遠距教學相關的書籍雖不少，但本書是第一本由國內外大專院校教師的親身經驗角度出發，結合各專長領域的教授群共同編撰，內容涵蓋教育、傳播、體育、語文、工程及商學等課程。全書兼顧理論且深入淺出容易理解，適合學習、研究或從事大專院校教學者閱讀，是絕佳的參考書籍。

國立臺北教育大學前校長

張新仁

西元2021年2月6日

作者群簡歷

陳信助

學歷
美國紐約聖約翰大學 教育學博士（2003）
美國紐約州立石溪大學 科技管理碩士（1998）

現職（2020）
中國文化大學華語文教學碩士學位學程 所長
中國文化大學遠距教學中心 主任
中國文化大學教育系 副教授
Journal of Educational Technology Development and Exchange 編輯委員
美國全球華人教育科技學會 理事
中國視聽教育基金會 董事
中華民國學校行政研究學會 理事
中華民國資訊社會推廣協會 理事

重要經歷
佛光大學教學資源中心 執行長
美國紐約聖約翰大學電子教學中心 主任
美國奧美廣告紐約總公司網路互動部 總工程師
教育傳播與科技研究期刊 執行編輯
學校行政雙月刊 編輯委員
教育與家庭學刊 編輯委員
臺灣教育傳播暨科技學會 秘書長、理事

教學專長
教育測驗與評量、教育統計學、教學媒體與運用、資訊融入教學、教育科技應用、數位學習、學習風格、知識管理、多元智能與創新教學、研究方法

研究興趣
資訊素養、適性教學、數位學習、多媒體應用、課程發展設計與評鑑、教學專業發展、資訊融入教學

趙貞怡

學歷

美國亞利桑那州立大學電腦多媒體教學博士（1999）

美國俄亥俄克里夫蘭州立大學電腦資訊科學碩士（1994）

中原大學資訊管理學士（1991）

現職（2020）

國立臺北教育大學課程與教學傳播科技研究所 教授兼所長

中華創意教育學會 理事長

中國視聽教育基金會 董事

中華資訊與科技教育學會 理事

教育部數位學習課程 認證委員

教育部科技輔助自主學習推動計畫 輔導教授

重要經歷

國立臺北教育大學教育傳播與科技研究所 副教授兼所長

國立臺灣藝術大學多媒體動畫藝術研究所 助理教授兼所長

世新大學資訊管理學系 助理教授

臺灣教育傳播暨科技學會 秘書長

臺灣教育傳播暨科技學會 理事

中華創意教育學會 理事

臺灣教育傳播暨科技學會期刊 編輯委員、出版組副召集人

教育實踐與研究期刊 編輯委員

新北市雲世代行動學習學校計畫 輔導教授

教育部行動學習試辦輔導計畫團隊 教授

教育部 e 化創新學校暨電子書包實驗教學試辦學校輔導計畫 教授

教學專長

教育科技、教學設計、遠距教學、電腦多媒體設計、數位影音創作、人機介面設計、質性研究

研究興趣

數位學習、多媒體互動教材開發與設計、行動學習、原住民學童科學暨科技教育、銀髮族資訊素養培育、銀髮族數位桌遊設計與開發

李佳融

學歷

國立臺灣師範大學體育系75級畢業

臺北市立體育學院運動科學研究所畢業

現職（2020）

國立臺灣師範大學運動競技學系 教授兼系主任

中華跆拳道武藝發展協會 秘書長

中華民國運動教練協會 理事

中華民國籐球協會 理事

中華民國跆拳道協會 理事

臺灣跆拳道運動學會 理事

臺灣體育運動史學會 理事

臺灣體育政策學會 理事

重要經歷

1992巴賽隆納、2008北京、2012倫敦奧運中華台北跆拳道國家培訓 教練團

2016年里約奧運中華台北跆拳道國家培訓隊 總教練

2017年臺北世界大學運動會跆拳道隊 總教練

2018年台北世界跆拳道品勢錦標賽 總教練

亞洲大學跆拳道總會 副會長

國民基本教育體育班技擊專項術科 課程委員

臺灣跆拳道運動學會學刊 編輯委員

考選部地方特考 試務委員

教學專長

跆拳道運動、武術運動、運動教練學、體育行政與管理、體育教學與實習

研究興趣

運動技術分析、運動科學訓練、體育課程計畫與教學評量

宗靜萍

學歷

國立台灣師範大學科技教育與人力資源所博士（2005）

國立政治大學新聞所碩士（1993）

現職（2020）

高雄市立空中大學電算中心 主任

高雄市立空中大學工商管理學系 代理主任

高雄市立空中大學大眾傳播學系 副教授

國立教育廣播電台「營養補給站」節目主持人

中華民國空中教育學會 常務理事

重要經歷

高雄市立空中大學大眾傳播系 系主任

高雄市立空中大學教學媒體處 主任

高雄市政府新聞局 股長

台灣新聞報 記者

教學專長

教學媒體與運用、數位學習、健康傳播、媒介素養、性別與傳播、廣播節目製作、政策與溝通

研究興趣

數位學習、媒介地理學、學習風格、遠距教學

李佳玲

學歷

美國中佛羅里達大學教育科技博士（2006）

美國印第安那大學 教育科技碩士（1994）

現職（2020）

世新大學廣播電視電影學系 副教授

臺灣教育傳播暨科技學會 理事

重要經歷

世新大學傳播匯流與創新管理碩士在職專班 主任

教學專長

傳播匯流科技與新媒體、數位影音設計與製作、多媒體規劃、設計與製作、數位學習

研究興趣

數位學習、多媒體應用、影音傳播科技、影視產業發展

羅素娟

學歷

東吳大學日本語文學系文學博士

東吳大學日本語文學系碩士

現職（2020）

中國科技大學建築系 副教授

重要經歷

中國科技大學通識教育中心人文藝術教學群 召集人

政治大學日文系 兼任副教授

教學專長

日本語教育、跨文化能力導向課程設計與評量、台日跨文化溝通、台日比較文化、日本文化

研究興趣

課程設計、跨領域整合、跨文化應用、互動式教學、適性教學

柴昌維

學歷

國立台灣大學 機械工程學博士（2002）

國立台灣工業技術學院 機械工程技術系學士（1993）

國立高雄工業專科學校 機械工程系副學士（1988）

現職（2020）

中國文化大學機械工程學系 副教授

中國文化大學曉峰學苑 副執行長

臺灣玉山機器人協會 理事長

臺灣食育協會 理事

居易科技股份有限公司 獨立董事

居易科技股份有限公司 薪資報酬委員會 主席

重要經歷

中國文化大學教學資源中心 學資組組長

南開科技大學電子工程系 副教授

南開技術學院電子工程系 助理教授

國立台灣大學機械工程學系 兼任副教授

國立台灣大學機械工程學系 兼任助理教授

WRO2019國際奧林匹克機器人競賽 評審（匈牙利）

WRO2018國際奧林匹克機器人競賽 評審（泰國清邁）

中科國際機器人2020FRC台灣區域賽競賽 評審

中科2019 FRC 台灣季後賽暨國際論壇 評審

2020-2021 VEX V5台灣國際錦標賽 評審長

2020-2021 VEX V5 Taiwan Open機器人競賽 評審長

2019-2020 VEX IQ Taiwan Open機器人競賽 評審長

2019-2020 First機器人大賽台灣選拔賽決賽 評審

勞動部勞動力發展署創業諮詢輔導服務計畫 創業顧問

經濟部中小企業處青年創業貸款輔導小組 輔導顧問

行政院青年輔導委員會青年創業貸款輔導小組 輔導顧問

教學專長

機器人教育、創造發明實務、醫療輔具研發、光機電整合設計

研究興趣

偏鄉科普機器人教學、銀髮族與身心障礙者輔具研發

趙貞和

學歷

美國聖路易斯大學 企業管理博士（2006）

美國密蘇里州立大學哥倫比亞校區 企業管理碩士（2001）

國立政治大學 企業管理學士（1998）

現職（2020）

美國紐澤西州立威廉派特森大學 終身正教授

美國紐約市立大學勃魯克學院 約聘正教授

香港浸會大學 約聘正教授

上海財經大學 約聘正教授

美國紐澤西州立威廉派特森大學 菁英學院商學院 主任

美國紐澤西州愛迪生中文學校 副校長

台灣交通大學交大管理學報 副主編

倍昂全球領導力中心 負責人

重要經歷

美國紐澤西州愛迪生中文學校 校長

美國紐澤西州中美文化協會 理事

教學專長

行銷、國際行銷、國際企業

研究興趣

跨文化消費者行為研究、跨國企業

目錄

第一篇

師資培育課程之漫步在雲端

陳信助

因為疫情影響，「遠距直播」變成全國各級學校教學現場所指定使用的教學模式，確實造成了許多特別的影響。筆者以執教大學之師資培育課程為例，藉由引進Microsoft Teams的使用，對於遠距教學設計與執行，從教師端、學生端、教學端、教材內容端，以及行政端等多種角度，以親身經歷與觀察，探討此波遠距教學風潮，與其在高等教育環境中產生的衝擊與影響。

第一章

遠距教學模式

前　言

　　很特別的2020年。還記得年初之際，新冠疫情開始波動，有不少大學出現了學生確診案例，各大學紛紛緊急啟動課程管理，用以確保師生安全。教育部更指出，若疫情持續擴大，學校「全面停課」的可能性高，衝擊將很大，因此，教育部（2020）在2月20日經疫情指揮中心同意發布「校園因應嚴重特殊傳染性肺炎疫情停課標準」，一旦學校有師生被列為確診病例，應立即停課並啟動「遠距教學」，避免群聚感染及進行校園消毒，並同步通報教育部即可，爭取防疫時效。

　　另一方面，如學校沒有確診病例，但基於師生曾接觸確診病例、健康管理對象較多等風險考量，或有大班課程、教室通風不佳等環境因素，學校也可以主動拉高防疫等級，小規模、短期內「調整相關實體課程為遠距教學」，只要做好授課學習品質，教育部也尊重學校或教授的課程規劃。但是，教育部也特別提醒，學校如果不是屬於因停課標準、小規模、短期內進行遠距教學等情形，而是要「大規模進行線上演練」或「全校性實施遠距教學」時，因為沒有突發疫情的急迫性，學校應將防疫需求考量及遠距教學方式等規劃，先行報送教育部檢視後始得辦理。學期進行期間，學校有義務提供完善授課學習品質，並配合防疫需求掌握學生到課的社會責任，學校實施遠距教學仍需對此社會責任自我課責。因此，教育部於3月19日提供「大專校院因應嚴重特殊傳染性肺炎疫情採遠距教學注意事項」，請學校及教授持續準備、精進遠距教學，為將來各種疫情的可能發展，做最壞的打算、最好的準備。

　　近期各大學皆積極討論遠距教學的實施，提出應依疫情發展逐步調整，且須掌握學生「到課」情形的建議，教育部對此表示支持。教育部指出，遠距教學是將來學校如因疫情停課或為降低群聚風險時，提供安心就學措施的重要一

環。但因應疫情而實施遠距教學，需讓學生在家或宿舍進行學習，而不要出入公共場所，這才是為防疫實施遠距教學的本意，否則就是本末倒置。目前學校及許多教授也認真投入準備，但學校除了幫助教授熟悉遠距教學外，也應該在實施時主動協助教授掌握學生線上到課狀況，不能因為遠距教學反而讓學生到課難以掌握，導致在周遭社區或四處群聚而形成防疫破口。

教育部強調，雖然現在不少歐美大學因應當地疫情，避免造成社區感染，全面停課實施遠距教學，希望讓學生盡量在家學習不要外出，這對學生、對社區防疫都是必要作為。但臺灣目前疫情控制得宜，學校如要提前部署，不管要進行「大規模進行線上演練」或是「全校性實施遠距教學」，需妥為公告說明，避免引起外界無謂的揣測擔憂。

「遠距教學」在2020年竟成關鍵教育議題。

遠距教學，歷來已久，從古代沒有資訊科技的「飛鴿傳書」，到近代的「函授教學」，更在科技與資訊的發達後，「電視教學」、「網路教學」、「數位學習」，乃至於到近期強調多媒體融入的「遠距直播」，都是遠距離的教與學所呈現的形式。在這麼多形式的遠距教學中，所有的遠距教學總是為了特定族群、特別需求的學習者以輔助教學學習的方式。

今年因為疫情影響，「遠距直播」變成全國各級學校教學現場所指定使用的教學模式，的確造成了許多特別的影響。筆者以執教之師資培育課程為例，對於遠距教學設計與執行，從教師端、學生端、教學端、教材內容端，以及行政端等多種角度，探討此波遠距教學風潮，與其在高等教育環境中產生的衝擊與影響。

第一節

多樣化的遠距教學，難斷高下

大家熟知的遠距教學，基本上可以讓師生們跨越時間跟空間的限制，進行同步或非同步的學習。近期的遠距教學則增加了許多特性，除了提供多媒體及各式互動的功能、多元化的教學活動，還可介接整合型的數位學習環境。但是其在教學實施上所帶來的影響，如在教學品質、教學互動、時間管理、內容管

理、班級經營、教師專業發展、評量測驗、學習動機、學習參與等各面向，孰優孰劣，從無定論，各式領域、不同學科、不一樣的教師、不一樣的教學設計、不一樣的操作方式，遠距教學實施的優缺點，一直都是見仁見智。

第二節

數位學習與遠距教學的發展現況

聯合國教科文組織秘書長阿祖萊表示，目前教育受阻的規模和速度前所未見，若此狀況延長，很可能威脅到受教權。當學生「到校接受教育」的模式受到考驗，近年發展蓬勃的「線上教育」就會成為寄託（田孟心，2020）。

還記得今年（2020）疫情開始爆發之際，教育部指示，若須停課，或有外籍學生在外地、或有陸生無法返台等情形，要求學校必須啟動線上教學機制，幫助學生，讓學生的學習不會中斷。但是，師生們都準備好了嗎？儘管政府與各級學校積極地推動，各顯神通地導入了資源、設備、資金、教學內容，然而，從軟性的「面對面的傳統授課」，瞬間轉成為硬性的「用著載具的遠距教學」，吾人所見，剛開始之時，不但多數學生感到適應不良，老師們也多是手忙腳亂。

隨後，疫情持續，有高中停課，關於是否實施全面遠距教學傳言不斷，因應疫情變化，各校防疫應變小組迅速成立，開始為規畫實施遠距教學做出各種準備，包含召集師生進行「線上教學演練」，以因應若宣布停課，可馬上啟動無縫接軌的全線上教學；制度上，鼓勵教師在課堂上，多多運用線上非同步或同步的教學模式。

幸運的是，因為臺灣高教在數位學習與多媒體融入教學的扎根已久，對此波運用線上教學模式的急性轉變，展現出不錯的適應力。復加國內的疫情控制得宜，無全面停課之虞，著實為實施全線上教學的師生們，增加了許多學習與適應的緩衝時間。此番教學環境的劇烈變化與衝擊下，不論是否停課，大家紛紛認同與深深體會到，線上學習已是高教的學習趨勢，師生需要學習善用網路、數位的工具與資源，共同致力讓學習不中斷，並培養「自主學習」的態度及習慣。

第三節

高教推動遠距教學的環境與條件

以大學端為例，筆者服務之中國文化大學，面對此次特殊情況，應變相當快速。於疫情輔發之際，校長便領軍，召集相關單位與專家，迅速成立防疫應變小組，制定許多為推動遠距教學相關的措施與辦法，並盤點與線上學習有關之資源、軟硬體、人力。

在制度面上，文化大學參考了教育部訂定的「專科以上學校遠距教學實施辦法」、「大學法施行細則」、「專科學校法規定」與「數位學習認證作業申請須知」等規範，在遠距教學的定義、內容、操作模式、使用時機、學分採認與相關配套，經教務相關之校級單位擬定各項細則與辦法，公告並實施。

在執行面上，因為學校是要準備因應「實體課停課」之「全面」型遠距教學；「硬體環境」選擇必須是具備教學實施功能、可記錄學生學習情形及其他支援學習功能之學習管理系統（LSM）為之；「課程設計」則要求老師熟悉各式線上教學模式，並且透過「數位教學」理念來規劃課程；首先，強化原來經營之「非同步」線上教學活動，包含設計線上討論與測驗、錄製數位教材、內容上架至學習管理系統等；同時，要求老師學習運用「同步」線上教學系統，能讓師生在同一個時間線上視訊上課與交流，最後，依據課程屬性、妥善安排資源，依據疫情實際狀況，適時操作非同步與同步線上教學。

疫情前，學校本在數位學習的經營上，已有十多年的經驗，更藉此次全國高教推動遠距教學的時機，加深加廣地推展遠距教學，在學校「中長程發展計畫」中，編列預算，執行「深化數位學習」方案，將學校之院、所、系推薦之具有特色與可精緻化的課程，藉由遠距內容開發，發展成特色課程，甚至可符合數位學習認證，期提升學校遠距教學品質與教師參與度。

第二章

師資培育課程的遠距教學案例分享

執行遠距教學課程之環境

　　筆者服務之學校與Microsoft合作多年，在疫情輔發之際，經評估後即決定以資訊環境完善與技術配套成熟的Microsoft公司產品，引進了Teams系統來建構「遠距型」學習環境。因應疫情，在學校防疫應變小組公告全校將「推動遠距教學」後，筆者便以「申請教學創新計畫」的方式，提報「遠距教學教材研發計畫」，將該學期原本已排定應「現場教學」之課程內容，進行「遠距化」、「數位媒體化」之發展與精進，以對應因疫情停課或為降低群聚風險時，提供符合「安心就學」措施與環境。

推行遠距課程的目標

　　「遠距教學教材研發計畫」的目標是運用Microsoft Teams這個平台，成為教師運用數位科技與媒體教材教學時的輔助工具，同時協助學生培養自主學習之能力、掌握學習步調。該計畫規劃將原本教師於教學現場教學之內容，以數位技術與媒體元素精進，透過「虛實整合」升級，學習者便可以跨越時間、地域、平台，擁有多元的學習管道，突破傳統學習的界限，教學者可併行「實體授課」與「雲端學習」，甚至進行「分流教學」，保持教學者運用與學習者學習的彈性。同時，計畫亦呈現了幾項「創新」特色：

　　1. 採用Teams系統各式的教學互動功能，讓學習環境虛實並存且併行。

2. 平台上教學內容之開發與安裝，遵循多媒體教學設計，確保「遠距化」學習品質。

3. 「大量運用多媒體」呈現內容，多元影片模組，深化學習印象。

4. 建構良善數位學習環境，擴大學生學習空間與彈性，如有學生因疫情影響需就醫、居家檢疫、隔離或延遲來台就學者，則可採用「雲端遠距學習」方式，協助學生修讀課程，讓學生可以在家自學完成學習活動，或執行補救教學。

第三節

實施遠距課程的課程與對象

遠距教學計畫的實施課程是開設在筆者服務大學的教育學系中，其師資培訓課程中之「教育研究法」必修科目，課程屬性為理論與實務並重，修習課程之對象為大三學生62員，包含本地生57員與陸生／港澳生／外籍生5員。

第四節

遠距課程的準備與規劃

筆者以108學年度第二學期的必修課程（共十八週）進行「遠距教學教材研發計畫」，是在Microsoft Teams數位學習平台環境中，數位化、模組化課程內容與教材。此教材研發計畫，目的在提供教學者與學習者更便捷、更生動活潑的教與學的方式，營造「友善的」數位學習環境，學生可運用自己的行動載具或電腦，聆聽教學者在課堂的授課，亦能看到教學者及其所使用之教材或多媒體教學內容轉化，以利重複研讀，進行時由學生自主掌握進度、時間與空間之「無所不在的學習」。計畫執行與採用之主要方法、技術或功能如下：

1. 雲端分享，教材分享與指定閱讀：老師可以上傳任何上課所需的教材檔案與同學分享，指定閱讀。

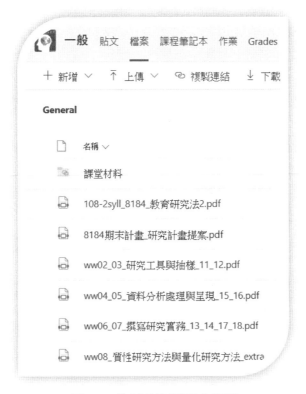

圖1-1 教材分享與指定閱讀

2. 雲端影音，直播或錄影雲端授課：老師通過Teams內建會議功能，就可以方便地進行雲端授課，不論是預先錄影、一邊上課一邊錄影，或是直接上課直播，都可以實現。

圖1-2 直播或錄影雲端授課

3. 即時互動，即時通訊並掌握互動：老師與同學可以像使用Line、Skype等即時通工具一樣，在線上交談，同學清單會隨著選課資料變動，師生間可掌握即時的互動訊息。

圖1-3　即時通訊並掌握互動訊息

4. 影音教材知識點分類，建立頻道可靈活分組：除了預設的課程「一般」頻道，老師也可以自己依照需求建立各種頻道，例如將同學「分組」依據主題、組別，分別建立頻道，或是依照授課週次分別建立頻道。

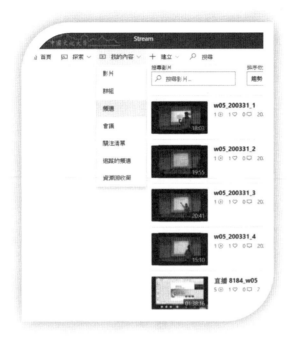

圖1-4　建立頻道靈活分組

5. 合作學習，師生共筆線上作業：雖然原本的校建的課輔平台系統（ICAN）就有提供作業功能，但是Teams的平台提供了更大的作業空間，方便「多媒體」型式的作業繳交，並且如果是Office文件，更可以「共筆」直接線上修改同學的作業，直接讓同學看到老師在作業上的修改。

圖1-5　共筆線上作業

　　6. BYOD，跨平台支援：不管是Windows、Mac電腦操作系統，還是手機Android、iOS、iPad平版電腦，各種載具都有對應的軟體App可安裝，可以讓師生隨時掌握即時資訊。

圖1-6　跨平台支援

　　在創造學生自主學習之機會方面，選擇具有學習深度的項目，轉化為課程重點內涵，配合多媒體教學設計的檢核，並以學習活動做為學生學習的誘因，再引導學生在課外學習活動進行自主學習。

　　計畫的準備與推行，從充分使用平台功能以介接原有教材內容，接續進行課程改造與創新，逐漸累積能量，進而到關心注重教學品質，因緣俱足，方有因材施教，適性地提供學生多元的學習方向。

第五節

創新數位教材開發與遠距課程的實施

　　筆者服務大學中的資訊處已將Microsoft Teams與校內原有之ICAN課輔系統整合與介接，成為課輔系統之新功能，並模擬規劃完成，所以「遠距教學教

材研發計畫」推動執行之可行性便迅速提高。

「教育研究法」產出之成果涵蓋創新遠距數位學習教材開發七大章，十多主題單元，元件五百項以上，並安裝到以下教學網站或平台：

1. 本校數位教學網站／平台，網址https://icas.pccu.edu.tw

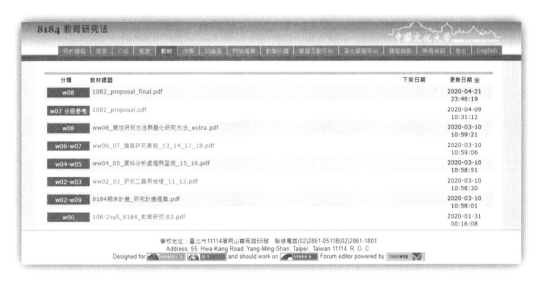

圖1-7　數位教材安裝至校內原有之ICAN課輔系統

圖1-8　開發之創新遠距數位教材整合與介接至ICAN課輔系統

2. Microsoft TEAMS數位平台，網址https://icas.pccu.edu.tw/teams

圖1-9　數位教材安裝至Microsoft TEAMS數位平台

3. Microsoft TEAMS串流網站，https://web.microsoftstream.com/studio/videos

圖1-10　運用Microsoft TEAMS的串流技術直播或錄影雲端授課

第六節

遠距課程執行後之成效評估

　　歷屆學生資訊素養，時有差異變化，為適性教學著想，考量學生學習適應課輔系統新功能之問題，教材研發計畫的規劃，亦同步備妥銜接方案，會安排進行學生端的訓練。同時，為求確保教材品質與單元學習架構的穩定性，會進行數位教學實務之系統化分析、設計，以及相關實施作業與成效評估。

　　隨案亦設立品質管考衡量指標，包含：

　　1. 將透過線上問卷調查學生之滿意度，反應教學與課程內容品質改善的程度。

　　2. 將統計學生課後複習或補課之使用次數，反應課輔與自主學習的成效。

　　3. 整體科目成績將與前屆之學生相比，反應學生學習成效之變化量。

第三章

漫步雲端體驗遠距教學後記

第一節

行政視角，行政靈活應變可縮短陣痛期

四月初，大學校園傳出新冠肺炎確診個案後，全台各大學積極運作的即時任務，就是為「全校遠距」做足準備。但是，「遠距」在教學端和學習端會遇到種狀況，總是令人忐忑。為了查找問題，了解需求，筆者服務之大學，資訊單位與行政單位，靈活應變，為了從執行面快速發現缺失，和師生端原本未被關注的需求，校方設計針對全校師生同步進行意見回饋的問卷調查，用開放的態度廣蒐民意，正向面對疫情帶來的衝擊。在四月中，便進行了五天的「線上雲端教學活動演練」，進行遠距教學實戰演練，診斷師生對遠距的適應力，並同步展開問卷調查，蒐集師生意見回饋，當出現疑難雜症時，便立刻雙向溝通，來尋求解決方案。此次演練，確實縮短了「適應陣痛期」。

師生雙方都有各自的期待和目標，學校必須扮演好溝通平台與即時支援的角色，讓師生之間能有更多的互相理解與支持。演練週的重要意義也正在此，透過實際的「共同協作」，一起發現問題，解決問題。教務長方元沂表示，文大的演練週，學生80人以上的課程將採全遠距方式授課，學生不用來校；未達80人的課程，老師可選擇「分流教學」或全遠距。如果是實驗或實作等不適合遠距教學的課程，老師可以調整時段，在演練期間結束後再補課。

此次筆者亦觀察到，各級主官、主管對遠距教學的重視與力行，可迅速凝聚師生共識，更可讓軟硬資源均可快速到位。文化大學徐興慶校長很早就認知，面對無聲無息、無從預料的病毒，這波疫情是所有校園最艱難的挑戰，不斷地強力宣傳、引導全校師生對遠距教學的議題高度關切，許多同學都希望儘快全面推行遠距，老師們也動起來努力調整，強化數位能力，以轉換教學型

式，維持教學品質。

圖1-11 各級主官管重視遠距教學迅速凝聚師生共識

第二節

教師視角，老師們正向看待遠距教學

從筆者服務大學的老師們，在此次推行遠距教學後，所進行的教師專業訪談調查，回應出有些令人意外的積極樂觀。以文學院中文系徐紀芳教授為例，她的公文課程，因該班有超過八十位學生，透過視訊網路授課，線上點名幾乎全滿。徐紀芳老師開心提到，雖然面對面的課程，老師上起課比較有成就感，也可以增加互動點名機會，但視訊課程有錄影及相關的方式，讓學生多一項不同課程體驗，也提供老師多一項教學方式，相當不錯。

圖1-12　文學院中文系徐紀芳教授認為視訊網路授課可增加互動

　　農學院動科系主任羅玲玲副教授也提到，這次新冠疫情，讓全校老師都成了「網紅」，學校提供的Microsoft TEAMS數位平台，上線運作的都還不錯，提供在中港澳的學生在雲端授課上課運作良好，也藉此機會將每堂講課內容完成錄影，未來可隨時提供學生錄影講課內容，相當驚艷。羅主任還提到，老師獨自面對一個人的教室上課是一個新鮮的挑戰，但師生共同一起就能創造新的局勢。都市計畫學系陳維斌副教授、大傳系王翔郁副教授、資傳系李亦君副教授等老師也都提到，師生協作能開創新局面。

圖1-13　各系所老師們積極樂觀正向看待遠距教學

第三節

學生視角，遠距教學數位學習有助於提升學習

　　遠距教學運用多媒體數位學習科技的研究與發展，已經成為新一波教育環境提升與改革的重點。藉由數位化介面，結合網際網路、多媒體教材於學習內容上，統整資訊和延展知識，用以提升學生學習動機與學習成效。多媒體數位學習科技運用於教學環境對教師與學生而言，一直是相當值得探討的議題。

　　在學期結束之際，透過校方系統制式的「教學滿意度」調查資料與「問卷訪談」學生反應遠距多媒體上課方式在學習上的影響，來檢視「遠距教學教材研發計畫」的執行效能。從量化資料發現了「教育研究法」該課程的教學滿意度（92.3）明顯高過校平均（89.5）、院平均（89.6）、系所平均（89.1）與年級班平均（90.9）。

序號	學年期	開課系級-分組	科目名稱	問卷人數	選課人數	總評分	敬業精神師生關係	授課方法	教材內容教學內容	教學效果學習心得	評量方式	班平均	系平均	院平均	全校平均
1	1081	教育系 2 -00	教學科技與運用	48	52	90.5	22.9	22.3	22.7	22.6		88.90	89.08	89.64	89.51
2	1081	教育系 3 -00	教育研究法	54	57	92.3	23.2	23.0	23.0	23.1		90.89	89.08	89.64	89.51

圖1-14　期末教學滿意度調查結果

　　另一方面，從質性訪談資料，學生對課程實施遠距教學後的感受，針對「疫情」部分，教學環境的改變成遠距式授課，學生確實有「安心學習」與「降低染疫風險」的感覺，甚至有「節省學習成本」的想法。

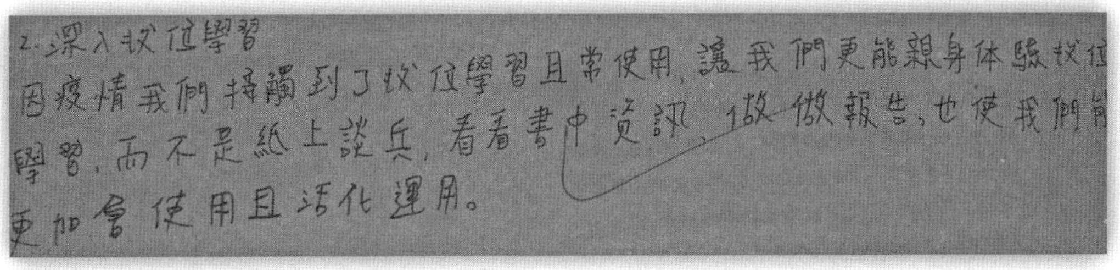

2.深入狀況學習
因疫情我們持續到了狀況學習且常使用，讓我們更能親身体驗狀況學習，而不是紙上談兵，看看書中資訊，做做報告，也使我們能更加會使用且活化運用。

圖1-15　針對疫情部分學生對遠距教學實施的正向反應

「學習效能」部分，更多學生反應出感受到遠距式授課帶來的「學習方便性」、「實用性」、「豐富資源」與「教學內容多元呈現方式」，也因而「提升學習動機」、「增加複習機會」。

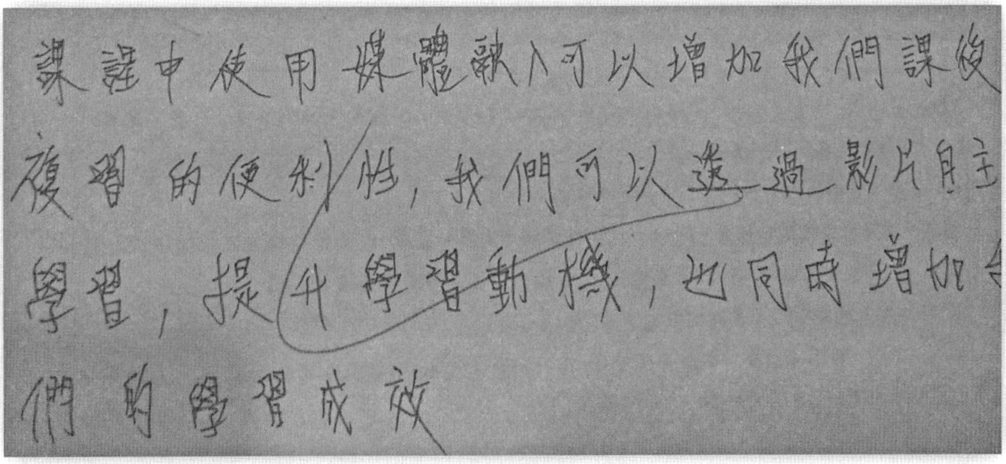

課程中使用媒體融入可以增加我們課後複習的便利性，我們可以透過影片自主學習，提升學習動機，也同時增加我們的學習成效

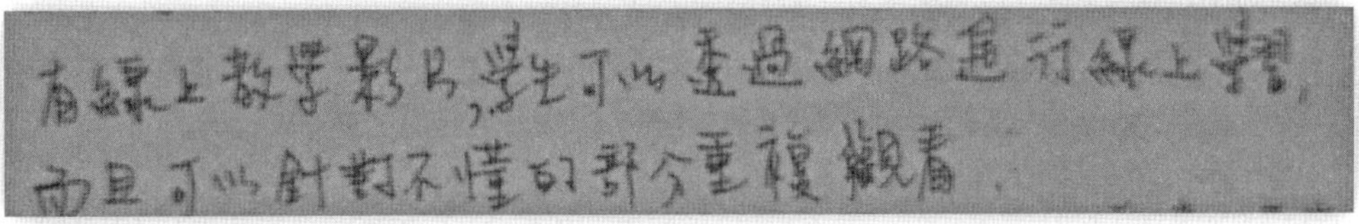

有線上教學影片，學生可以透過網路進行線上學習，而且可以針對不懂的部分重複觀看。

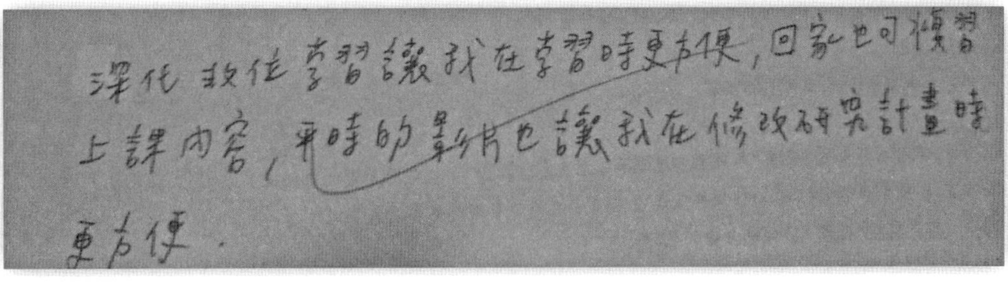

深化教任學習讓我在學習時更方便，回家也可複習上課內容，�Ｚ時的影片也讓我在修改研究計畫時更方便。

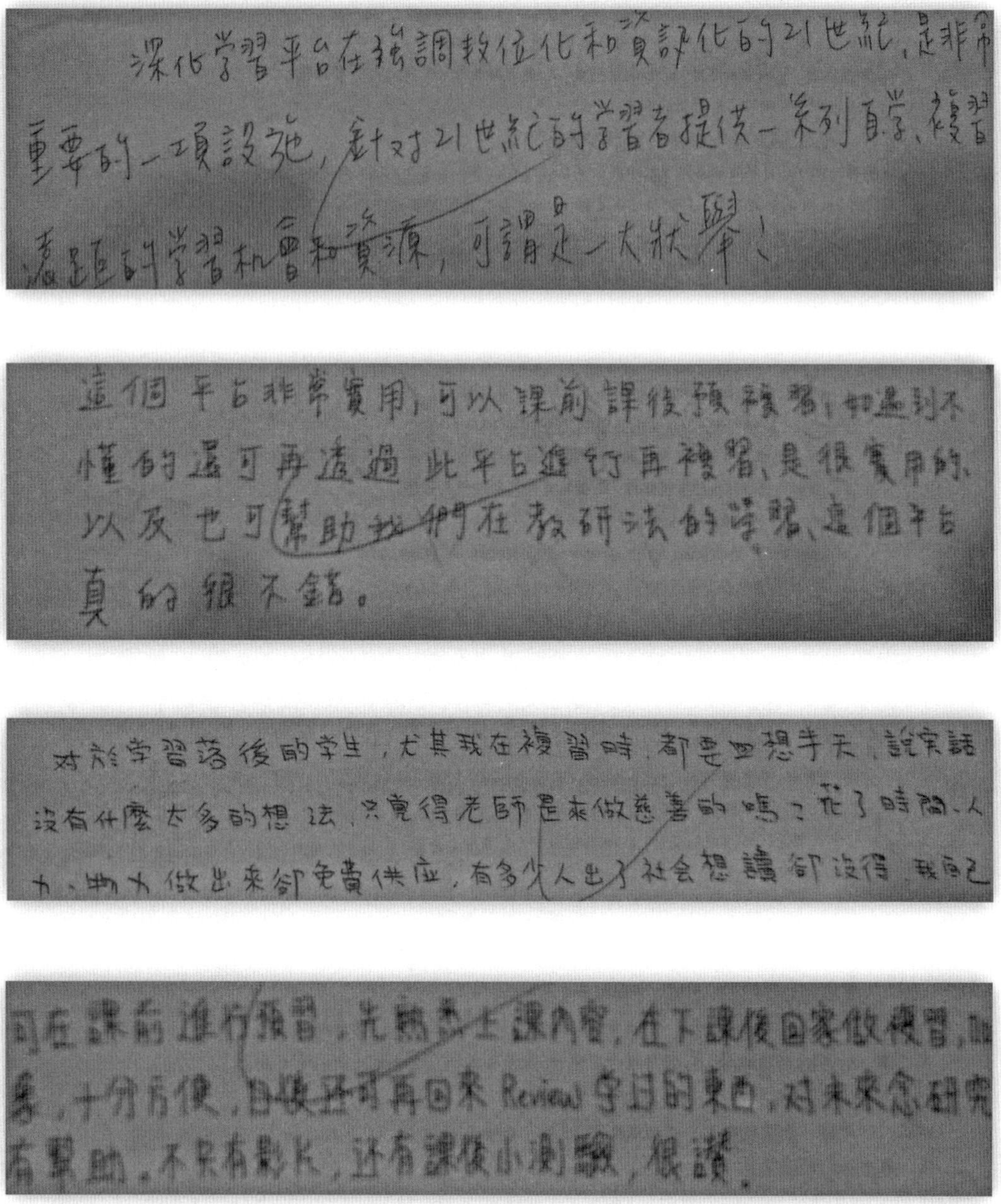

深化學習平台在強調數位化和資訊化的21世紀，是非常重要的一項設施，針對21世紀的學習者提供一系列自學、複習、遠距的學習機會和資源，可謂是一大壯舉。

這個平台非常實用，可以課前課後預複習，如遇到不懂的還可再透過此平台進行再複習，是很實用的，以及也可幫助我們在教研法的學習，這個平台真的很不錯。

對於學習落後的學生，尤其我在複習時，都是回想半天，說實話沒有什麼太多的想法，只覺得老師是來做慈善的嗎？花了時間、人力、物力做出來卻免費供應，有多少人出了社會想讀卻沒得讀，我自己

可在課前進行預習，先期熟悉上課內容，在下課後回家做複習，如果，十分方便，日後還可再回來 Review 學習的東西，對未來念研究有幫助，不只有成長，還有課後小測驗，很讚。

圖1-16 學生對遠距教學實施針對學習效能部分的正向反應

部分學生也感受到「自主學習」在遠距教學環境中的重要性。

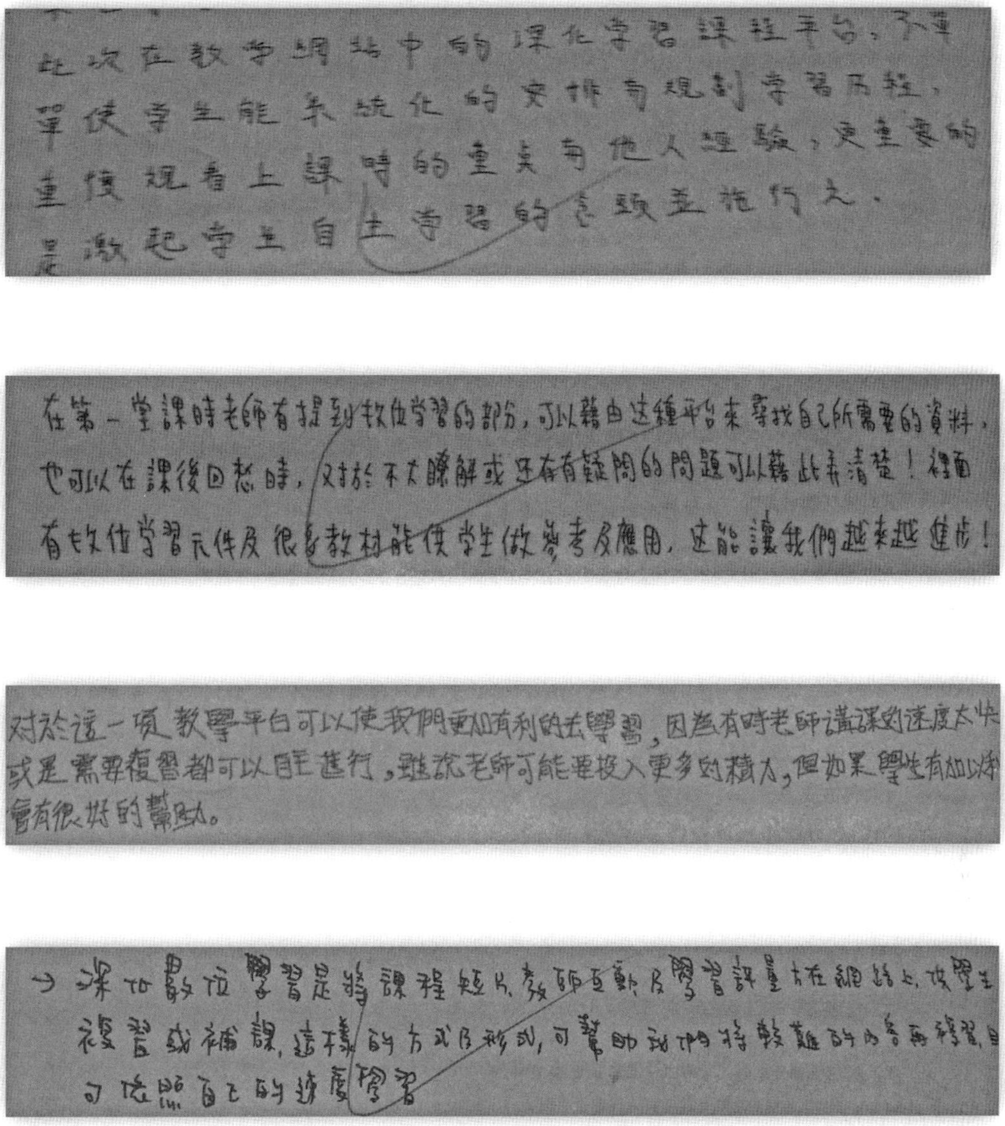

此次在教學網站中的課化學習課程平台，不單單使學生能系統化的安排有規劃學習歷程，重後複觀看上課時的重點有他人經驗，更重要的是激起學生自主學習的意願並花心力。

在第一堂課時老師有提到數位學習的部分，可以藉由這種平台來尋找自己所需要的資料，也可以在課後回想時，又對於不太瞭解或還存有疑問的問題可以藉此來清楚！裡面有數位學習元件及很多教材能使學生做參考及應用，這能讓我們越來越進步！

對於這一項教學平台可以使我們更加有利的去學習，因為有時老師講課的速度太快或是需要複習都可以自己進行，雖然老師可能還投入更多的精力，但如果學生有加以持會有很好的幫助。

少課加數位學習是將課程短片、教師互動及學習評量放在網路上，及學生複習或補課，這樣的方式呈現型，可幫助我們將較難的內容再複習且可依照自己的進度學習

圖1-17　學生感受到自主學習的重要性

　　從學生的反應，也看到此波實施遠距授課，將科技與多媒體的融入教學，學生是相當期待的，更是相當支持。

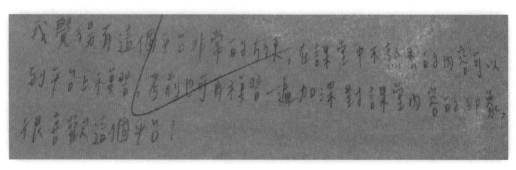

圖1-18 學生期待並支持遠距教學

此波遠距教學的推動，教師的努力與改變，學生也能有較強烈的感受。

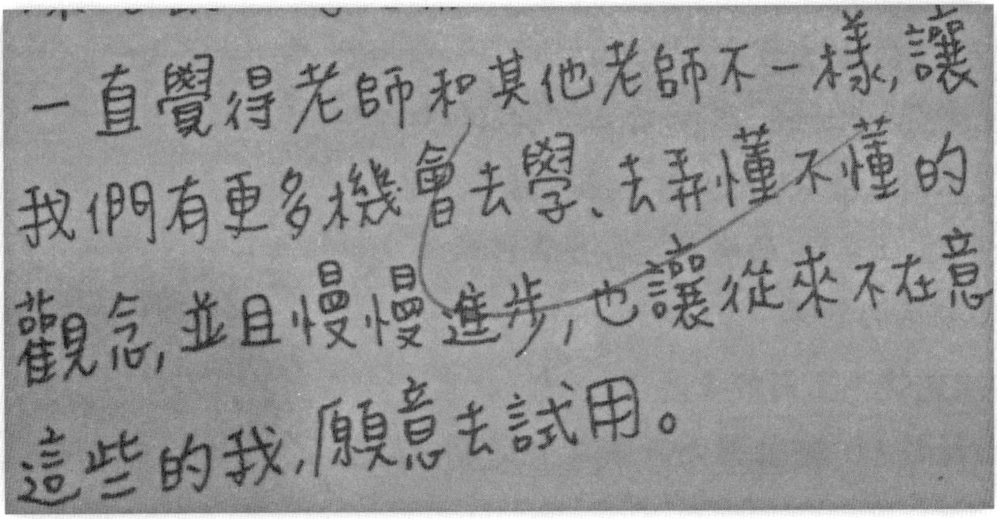

一直覺得老師和其他老師不一樣，讓我們有更多機會去學、去弄懂不懂的觀念，並且慢慢進步，也讓從來不在意這些的我，願意去試用。

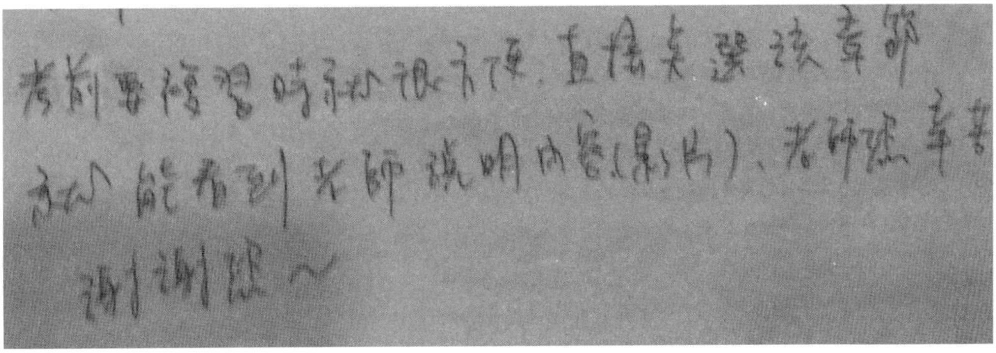

考前要複習時都很方便，直接去選該章節就能看到老師說明內容（影片），老師辛苦了謝謝您～

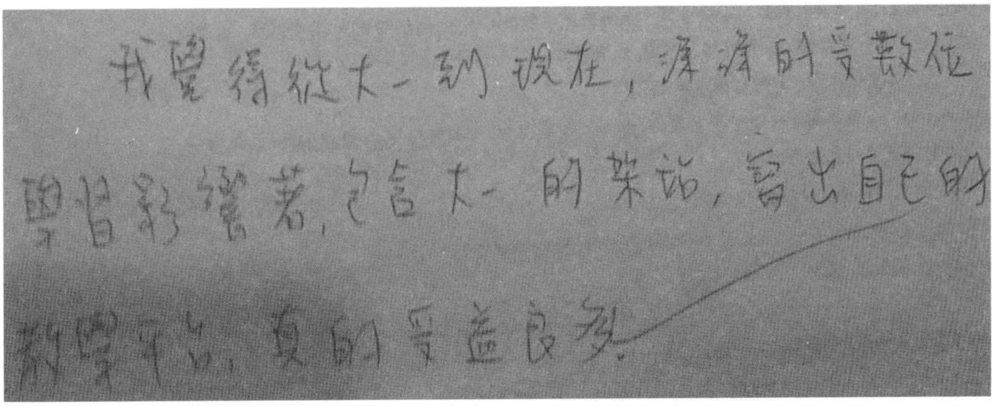

我覺得從大一到現在，漸漸的受數位學習影響著，包含大一的架站，會出自己的教學平台，真的受益良多。

圖1-19　遠距教學環境下學生較易感受教師的努力與改變

第四節

遠距教學教材研發計畫的實質效益

此次遠距教學與創新教材研發計畫所帶來的變化，對開設課程的教師、助教與學生，皆產生影響，特別是在學生學習成效及課程品質改善上的效益，顯而易見，舉凡：

1. 疫情停課或為降低群聚風險時，提供「安心就學」措施與環境。

2. 以「創新」、「互動」式教法激發學生之創造力、高層次思考。

3. 強化「參與感」，期盼增進教師教學效能與提高學生學習效率，並讓師生感受教學活動的樂趣。

4. 計畫產出之創新教材，可做為教師或助教「授課」時之輔助工具與教材。

5. 計畫產出之創新教材，可做為教師或助教進行「課輔」之輔助工具與教材。

6. 計畫產出之創新教材，可做為學生自學「複習」或「補課」之材料。

第四章

結論與未來展望

　　新冠肺炎讓大家見證了病毒帶來的恐懼與威脅，也讓人類更覺卑微與渺小，它同時考驗著人際關係的變化，也讓大家重新省思校園師生互動關係。新冠肺炎疫情期間，為避免群聚的情況發生，全世界各大學校皆相繼採用網路遠距教學的應對措施，然而，在疫情平緩之後，此種遠距授課方法會不會取代了世界長久以來的教學方式？學校是否持續運用科技輔助教學？是否會改變未來全球高等教育的教學現況？

　　這會是「必須」也是「必然」的現象。面對現今科技不斷的演進，這是必須提早認清的事實，各大學院校均積極投入資源，用以提升老師應用科技的能力，現代的科技輔助教學已經是一個必然的趨勢，尤其是在高等教育也就是說大學研究所的環境中，更是一個必然的政策。

　　現在文化大學教師們所施實施的遠距教學，只能稱做「遠距直播」，還無法稱作正統遠距教學，僅是運用了媒體轉播的手段，把上課現場資訊做一個傳遞。這次因疫情實施的遠距教學，臨時又快速的導入，教師「科技多媒體適應能力」的良莠，便是導入成功與否的關鍵因素。教師的專業以及滿滿的學問，如何能順利地與科技多媒體結合在一起，這是需要一些訓練跟協調的成本。所以，校園欲推行遠距教學，第一件必須面對的問題，便是讓多數老師能夠快速地、低痛地、高效地上手，無懼又不排斥使用科技來輔助教學。推動遠距教學，學校若能進一步為老師制定教學專業發展的相關政策，引進資源，鼓勵並訓練教師善用科技與多媒體，妥適地把教學、教材、教法、測驗、評量與課室經營等的教學相關大小任務串聯起來，是為當務之急。

　　此外遠距教學環境下，有機會激發教師思考多元與創新的教學方式，讓學生有彈性的自主學習。遠距教學的執行，更是需花時間去瞭解學生的學習反應，與師生的互動關係。例如線上同步課程的操作，學生僅需開啟教師提供

的連結即可參加線上教學，雖然減少學生通勤上的時間成本，亦具有即時互動性，但是比起實體教學，還是少了些臨場感，科技的使用，實體或虛擬的取捨。

疫情尚未平緩，盼能早日過渡與平息。遠距教學已成為高等教育教學現場的常態，不再只是一個選項，而是具有必要的地位。期盼未來新一代遠距教學的發展，能支援科技教育與數位學習的落實，讓教師善用科技多媒體、強化教學能力，有助提升學生自主學習能力，學習動機與效能。天佑台灣。

第二篇

只有學習、沒有距離

趙貞怡、李佳融

隨著資訊科技發展的成熟及穩定度，以及師生對於3C產品及社群網絡使用的頻繁度，加上全球疫情的持續升溫，促使大家思考，到底要如何進行遠距教學才能達到好的教學成效，進而做到「只有學習、沒有距離」的境界。本文以「教學設計」及「武術」兩門課程介紹如何使用Google Hangouts Meet, LINE，及MindLinker進行混和模式之遠距教學。課程實施後，根據學生的背景，常會有兩種不同的反應。如果是在職的學生，一般而言，較喜歡採用遠距線上課程，因為可以節省上下班通勤時間，較有彈性。如果是一般生，則不一定喜歡遠距課程，他們喜歡到校跟老師同學有面對面的接觸與討論。

第一章

前　言

　　臺灣位於歐亞大陸與太平洋海盆的交接線上，面積約為三萬五千平方公里。南北長度約395公里，東西最大寬度約144公里，人口約為二千三百三十萬人。其中59.92%人口集中在六都，人口密度為每平方公里650人，在全世界千萬以上人口國家中排名第二，僅次於孟加拉國（維基百科，2020a）。由於交通運輸發達，公路、捷運、鐵路、空運及海運便利，島內各地距離相對其他幅員廣大的國家而言，並不遙遠，尤其2007年1月高鐵通車以來，臺北到高雄間最快只需105分鐘，促成臺灣南北一日生活圈（維基百科，2020b），如此便捷的環境下，一般學校及學生並未將遠距教學列為優先考量的學習方式。但一場Covid-19疫情，改變了人們的生活習慣、消費行為，甚至學習方式。大家開始認真思考遠距教學的必要性及重要性。

　　早在民國95年3月2日，教育部便發布「數位學習碩士在職專班試辦申請及審核作業要點」及「數位學習認證作業申請須知」，開放大專校院特定領域系所試辦數位學習碩士在職專班，並授予學位。同年4月1日啟動數位學習認證，又於9月8日頒布「大學遠距教學實施辦法」，委託國立空中大學辦理大專校院數位學習碩士在職專班、數位學習課程、教材的認證作業，自此國內數位學習正式邁向新的紀元。此一辦法又於105年6月20日修正為「專科以上學校遠距教學實施辦法」，將數位學習在職專班的申請與認證，列入正式法規中（教育部，2020a）。

　　我國實施數位學習認證制度14年以來，透過認證機制，提升了大學遠距教學品質及教師開課的專業度，數位學習課程通過認證的比例提高許多（見表1），以108學年為例，開辦學校有76所，超過5成大專校院開設，共1,415門遠距課程，大約11.8萬修課人次，遠距課程數占全國1%，全國有10%學生修習，雖然開辦學校數及修課學生數有增加的趨勢，但比例上，仍遠不及一般學制

（見圖1）（林燕珍，2020；陳定邦，2020）。國外實施情形又如何呢？林燕珍（2020）提及美國、加拿大及瑞典等國實施較為盛行， 英、法、奧地利、比利時次之，其遠距與實體課程（學位）規範一致，並無遠距課程（學位）專門審核機制。澳大利亞及日本遠距課程開設須經國家相關部門審核通過。另外，韓國、泰國提供遠距學位，需經教育部審核通過始得辦理，香港遠距課程屬輔助性質，並無學位提供機制。由此可見遠距教學還有很大發展的空間。但隨著資訊科技發展的成熟及穩定度增加，以及師生對於3C產品及社群網絡使用的頻繁度，加上全球疫情的持續升溫，促使大家思考，到底要如何進行遠距教學？才能達到好的教學成效，進而做到「只有學習、沒有距離」的境界。本文將探討這些遠距教學模式、認證規範及活動，並舉出作者在進行遠距教學時的實際狀況，最後提出一些建議，以供大家參考。

表2-1　數位學習課程認證（含專課）結果統計（申請課程件數不含撤件數）

申請 年度	申請 學校數	申請 課程數	初審 學校數	初審 課程數	通過認 證校數	通過認證課程數 （通過率）
95	14	115	14	115	4	37(32%)
96	12	80	12	80	4	6(8%)
97	8	41	8	41	7	34(83%)
98	10	38	10	38	8	22(58%)
99	17	57	17	57	11	36(63%)
100	21	87	21	87	17	58(67%)
101	18	86	18	86	14	49(57%)
102	17	79	17	79	13	34(43%)
103	23	93	23	82	18	49(53%)
104	35	97	33	94	24	56(58%)
105	27	112	27	112	22	71(63%)
106	27	89	26	86	19	47(53%)
107	26	95	26	91	19	49(52%)
108	25	112	24	109	19	55(49%)
109-1	18	47	18	47	13	29(62%)

資料來源：陳定邦（2020）。認證審查流程及工作說明。取自https://ace.moe.edu.tw/members/movie_detail/?fid=15

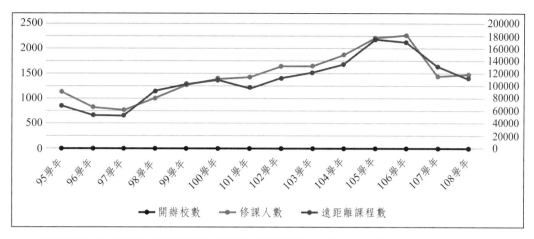

	95學年	96學年	97學年	98學年	99學年	100學年	101學年	102學年	103學年	104學年	105學年	106學年	107學年	108學年
遠距離課程數	857	670	654	1152	1299	1370	1223	1409	1505	1670	2193	2117	1636	1415
開辦校數	68	66	74	84	86	86	95	95	95	100	98	95	81	76
修課人數	90624	66105	61571	79989	102454	112354	114597	131378	132392	150368	177438	181234	115094	118338

圖2-1　台灣大專校院遠距課程開辦狀況

資料來源：林燕珍（2020）。高等教育數位學習的現況與未來。2020數位教育的創新與變革-後疫情下的學習驅動研討會，新竹市清華大學。

第二章

遠距教學模式

　　一般而言，遠距教學模式大約有三種： 同步、非同步與混和模式。在同步模式下，教師雖為遠距授課，但仍能透過鏡頭與學生即時互動、溝通想法，彼此仍然看得到對方，雖然有時受限於人數及畫面呈現模式，教師可能無法同時清楚看到每一個人，但彼此知道對方的存在，也可以透過線上註記工具，知道目前的重點及進度，與實體課室較為接近；但此模式的缺點就是師生雙方需近距離目視螢幕，眼睛較容易疲勞；且學生的專注度為何？教師無法全盤掌握。特別學生端通訊品質如何？可能會干擾學生的學習成效。

　　在非同步模式下，學生不必受時間、空間限制，可以彈性調整學習的進度、速度，甚至可以重複聆聽，方便整理筆記與複習，因為是單向的互動，教師無法立即了解學生學習狀況，也無法立即回饋學生的問題，如果學生自主學習能力與技巧不好，很容易進度落後甚至放棄學習。另外，教師在錄製課程教材時，並沒有聽眾，與課堂授課的情境大不相同，需要時間調適。

　　至於混和模式，則是結合上述兩種方式進行，教師可以根據授課內容屬性安排同步或非同步課程，以達到最大的學習成效。當然，此模式亦可結合傳統課室教學，如果課程內容中，有操作示範或需要熱烈討論的議題，建議安排實體課程，比較容易達成教學目標。

　　從上面的說明，不難得知，無論是哪一種遠距教學模式都有它的優缺點，且與傳統面對面的課室教學有很大的不同，教師必須花心思學習如何進行線上教學。然而，教師從事線上教學的知能與技巧普遍不足，多數線上課程仍以課本內容為中心，教師局限於傳統教學法，直接將課本章節內容錄影或採用測驗、期末考卷等既有作法，原封不動地搬到線上，難怪遠距教學時，經常亂象叢生，導致師生對於遠距教學既期待，又怕受傷害。不難發現很多學生中途放棄，很多老師認為此種教學模式成效不佳。因此，本文根據教育部數位

　　學習課程認證指標及Bonk及Khoo（2014）所著《線上學習動機與激勵：TEC-VARIETY模型》一書所提的100個線上課程活動技巧，來幫助老師經營遠距課程。

第三章

教育部數位學習課程認證規範及指標

　　教育部於101年8月修訂數位學習課程認證指標及評定規準，其中共有8項規範37個指標，指標中有18個是必備，19個為選備。認證通過之標準：(1)必備指標必須全部達A等級（含）以上。(2)各項規範的指標平均必須達A等級（含）以上。下表2-2是各項規範及指標：

表2-2　101數位學習課程認證規範及指標

規範	指標
規範1： 科目說明	1-1 課程網頁適當説明課程目標、單元教學目標及學分數。（必） 1-2 課程網頁提供適當的單元架構及學習進度。（必） 1-3 課程網頁適當説明科目成績的考評標準。（必） 1-4 課程網頁適當説明適用對象及學前能力。（選） 1-5 課程網頁適當説明學生參與學習進度表中各種教學活動的方法。（選）
規範2： 維持學習動機	2-1 教材及教學活動能含括科目中課程及單元教學目標。（必） 2-2 教師在單元中提供檢核學習者成就的教學活動。（必） 2-3 教材及教學畫面顯示該主題的學習總分量與進度。（選） 2-4 教師依據教學目標選用多種適當的教學活動。（選）
規範3： 學習者與教材互動	3-1 教材有適當的重點提示。（必） 3-2 教材內容提供適當的實例以協助學生理解。（必） 3-3 教材提供充分的練習或課後反思活動。（必） 3-4 教材提供充分的科目補充教材或外界網路資源。（選） 3-5 教材符合自學性質且分量適當。（選） 3-6 教材提供友善下載的功能。（選）
規範4： 師生互動	4-1 課程網頁建有授課教師的介紹資訊及課業輔導電子信箱。（必） 4-2 師生在非同步教學中能針對議題積極參與討論。（必） 4-3 教師能於課程討論區適時回應學習者的問題。（必） 4-4 同步教學時，師生雙方均能積極參與課程主題相關的討論互動。（選）

規範	指標
	4-5 教師實施固定的「線上辦公室時間」，供學習者線上與教師互動。（選） 4-6 課程提供線上學習輔導人員的服務。（選）
規範5： 同學互動	5-1 非同步教學中，學習者之間對於課程內容相關議題有充分的交互討論。（必） 5-2 教師於課程教學時，使用合作學習策略。（選） 5-3 學習者間以同步方式進行課程內容相關議題討論時，有適當的互動。（選） 5-4 課程建有班級同學的自我介紹、電子信箱或個人網頁等資訊。（選）
規範6： 學習評量	6-1 課程的學習評量配合教學目標與教材內容。（必） 6-2 課程網頁提供線上測驗或評量活動。（必） 6-3 課程的線上測驗或評量活動提供評閱結果與回饋。（必） 6-4 課程的作業題目協助學習者彙整教材重點並激發深層的思考與應用。（選） 6-5 課程在線上實施學習者作品觀摩。（選） 6-6 教師應用學習者的學習歷程紀錄做為評量依據。（選）
規範7： 教學管理 服務	7-1 教學單位適當保存課程網站的科目資料。（必） 7-2 課程在線上實施學習者對科目教材與教學活動的評鑑問卷。（必） 7-3 課程評鑑中顯示學習者滿意本科目的網路教學。（選） 7-4 教師充分利用線上公告欄公布科目進度與即時訊息。（選） 7-5 教師對班級實施師生面對面的科目檢討會議，並將會議紀錄置於課程線上公布欄。（選）
規範8： 平臺功能 檢核	8-1 課程教學所使用的平臺，其功能檢核項目能符合教學的需求。（必）

資料來源：教育部（2020b）。數位學習課程認證指標及評定規準修正對照表【教育部遠距教學交流暨認證網表單下載】。取自https://ace.moe.edu.tw/file_download/index/?c=2

　　經過8年的實施，教育部於109年8月再次修訂數位學習課程認證指標及評定規準，為了讓更多老師投入遠距教學，將原先規範及指標精進為5規範20項指標，指標中有16個必備，4個選備。下表2-3是各項新規範及指標：

表2-3　109數位學習課程認證規範及指標

規範	指標
規範1： 課程說明	0-1 課程網頁說明課程總學習目標、各單元學習目標及學分數。（必） 0-2 課程網頁說明單元架構與相對應的學習活動及進度。（必） 0-3 課程網頁說明課程成績的評量標準。（必）
規範2： 課程內容 與教學設 計	2-1 課程內容及教學活動符合課程名稱及單元學習目標。（必） 2-2 教師依據學習目標，選用多種適當的教學活動。（必） 2-3 課程內容提供實例，協助學生理解。（必） 2-4 教師在單元中提供檢核學習成效的教學活動。（必） 2-5 課程提供學習指引，適合自學。（必）
規範3： 學習者與 課程內容 之互動	3-1 課程內容有重點提示。（必） 3-2 課程內容有練習或課後反思活動。（必） 3-3 課程內容的整體與單元份量適當，符合學分數要求。（選）
規範4： 師生互動 與學習者 之間互動	4-1 師生在非同步教學中能針對議題積極參與討論。（必） 4-2 學習者間在非同步教學中能針對議題積極參與討論。（必） 4-3 同步教學中，教師引導學生進行意見發表與交流。（必） 4-4 課程網頁有授課教師、助教、線上輔導人員的介紹資訊，課業輔導之 　　數位連絡方式與授課教師辦公室時間。（選）
規範5： 學習評量 與課程評 鑑	5-1 課程提供線上評量活動。（必） 5-2 課程的線上評量活動提供評閱結果與回饋。（必） 5-3 教師應用學習者的學習歷程紀錄做為評量依據。（選） 5-4 課程實施學習者對課程內容、教學活動、及學習管理系統服務的評 　　鑑。（必） 5-5 課程評鑑結果，顯示修畢本課程的學習者滿意課程教學。（選）

資料來源：教育部（2020b）。數位學習課程認證指標及評定規準修正對照表【教育部遠距教學交流暨認證網表單下載】。取自https://ace.moe.edu.tw/file_download/index/?c=2

　　從上可以看出，不管是8規範37項指標或者是5規範20項指標，都幫助老師思考在執行線上教學課程時，該注意那些事項，如果遵守這些規範，相信會提升學生的線上學習持續力及成效。特別在師生與學生間的互動，或者學習者與教材間的互動方面，這部分與傳統課室非常不一樣，因為多了科技媒體的介入，如果能設計一些活動，較能打破時空造成的隔閡。下節將透過Bonk及Khoo（2014）提出的TEC-VARITY框架，介紹這些活動。

第四章

線上教學活動

　　Bonk及Khoo（2014）瞭解當前遠距教學的發展趨勢，將行為、認知、建構、社會文化及動機等學習理論，結合有效的教學方式與新興科技，實踐線上教學中理論和實務間的連結。教師需要簡單、易操作且實用的策略來幫助學生實踐線上自主學習的行動力。因此，他們提出了TEC-VARIETY的框架，特別適合線上同步、非同步和混成學習使用。TEC-VARIETY框架包含了學習者、科技、資源、教學模式以及活動等內涵。TEC-VARIETY框架如下：

1. T（Tone基調／Climate氛圍）：心理安全、舒適度和歸屬感。

2. E（Encouragement鼓勵）：回饋、肯定和支持。

3. C（Curiosity好奇心）：驚喜、伎倆和未知性。

4. V（Variety多樣性）：新穎、樂趣和幻想。

5. A（Autonomy自主性）：選擇、控制、彈性和機會。

6. R（Relevance相關性）：有意義、真實和有趣。

7. I（Interactivity交互性）：協作、團隊和共同體。

8. E（Engagement投入性）：努力、參與和投入

9. T（Tension緊張感）：挑戰、不和諧性和爭議性。

10. Y（Yielding Products成果產出）：目標驅動、目標願景和擁有權。

　　在這十個大項下，各有十個活動，每個活動都可以幫助學習者在線上學習，並提升成效，這些活動多少都使用到教育科技常見的一些理論基礎，例如：行為、認知、建構及社會文化等理論，見表2-4、2-5及2-6：

表2-4　TEC-VARIETY理論基礎

學習理論	基調／氛圍 T	鼓勵 E	好奇心 C	多樣性 V	自主性 A	相關性 R	交互性 I	投入性 E	緊張感 T	成果產出 Y
行為		v								v
認知			v	v		v	v	v	v	v
建構	v			v	v	v		v	v	v
社會文化	v	v	v	v	v	v		v	v	v

資料來源：Bonk & Khoo(2014). *Adding some TEC-VARIETY: 100+ Activities for motivating and retaining learners online.* Retrieved from https://www.researchgate.net/publication/263616695

表2-5　TEC-VARIETY 的前50項活動

基調／氛圍	鼓勵	好奇心	多樣性	自主性
1.學生自我介紹。	11.建立學伴制，可將學生分成兩人一組，成為彼此修課的諍友。	21.採用網路熱門新聞事件引起學生的興趣。	31.採用角色扮演，進行線上圓桌會議，例如：法庭模擬。	41.請學生找尋非課本資源、檔案或補充資料的「酷炫」相關資源。
2.教師錄製影片介紹自己及課程內容等。	12.利用調查和投票，了解學生對於學習活動或課程的意見。	22.採用最新的科學發明、創意演示或藝術發明。	32.請學生以虛擬世界角色扮演，重現歷史事件。	42.請學生找尋非教師指定卻與課程相關的技術工具，並做介紹與演示。
3.請學生在討論區列出對修習此課的目標和預期效果。	13.可利用不同的平台設立意見箱，學生可以匿名提出對課程的建議。	23.採用即時的科學事件或發明，如：全日蝕。	33.採用行動式網路遊戲，幫助學生學習語言、數學、地理等。	43.請學生根據課程主題發起線上同步或非同步討論會議，摘要記錄討論過程並做總結。
4.請學生表明對此課程的個人承諾，教師可以列出期望學生完成多少學習承諾。	14.讓學生不定期寫下自己的學習進展，特別是困難處。	24.將現實中具有時效性的數據，滾動式的融入課程大綱中。	34.採用教育性音樂影片，例如化學元素創作歌曲，幫助記憶及理解。	44.教師對課程主題發出一系列的問題，請學生在一定時間內上線回應這些連環炮式的提問。

基調／氛圍	鼓勵	好奇心	多樣性	自主性
5.請學生列出八個最能描述他們自己的名詞，可以幫助老師了解學生背景。	15.請學生評論和注解彼此的作業內容或想法。	25.設計教學前活動，請學生課前完成一些任務或作業，以利進入課程主題。	35.教師出題，請學生利用資料庫找尋問題答案，可進行小組間的搜索競賽。	45.請學生選擇自己有興趣的主題，並擔任問題解答者，回答同學的各式提問。
6.請學生列出關於自己兩個事實和一個謊言，讓其他同學猜測何者為真或假。	16.教師利用截屏影片，錄製所示範的技術或資源，供學生日後再次觀看。	26.採用神秘嘉賓遊戲，請學生根據提示猜出所邀請的專家身分及背景。	36.利用隨機數字軟體抽籤，分配學生任務和活動。	46.開放一週探索，學生可以提出額外的主題或興趣領域，需經教師審核，且完成一定量的資料閱讀。
7.請學生列出自己三四項成就，可讓學生評價彼此的成就。	17.教師可以利用外在練習或測驗系統，幫助學生熟練課程內容，這些系統設計的獎勵機制往往可以激勵學生。	27.提供學生跟課程領域有關的科學家、學者或名人，請學生選擇想要深入了解的對象並收集其相關資料。	37.利用限時軟體，計時倒數，增加答題的刺激感。	47.教師提供開放教育資源網站，請學生探索並作匯報.學生亦可分享其他類似的網站，實現學生自主學習性。
8.建立課程粉絲網頁，與學生交流互動。	18.邀請領域專家對學生的作業或發表內容進行非同步的指導或回饋。	28.請學生找尋並研讀與課程相關的文化、部落客或資源網站。	38.採用腦力激盪法，請學生提出各式想法，但不對想法做任何評價，暢所欲言。	48.教師提供學生完成任務或作業的選擇性，並非所有學生都做同樣的作業題或任務。
9.請學生列出自己最喜歡的網站。	19.邀請專家進行同步的即時回饋及輔導。	29.提供學生體驗探究學習的機會，或鼓勵學生訪談第一線研究者，或觀看其研究影片或成果報告。	39.鼓勵學生志願擔任小老師，在線上擔任教學及輔導同學學習的工作。	49.教師提供開放式教學大綱，歡迎學生或有興趣的人士，提供與課程主題相關的資料內容，不斷更新，修課學生閱讀的選擇性也大幅提高。

基調／氛圍	鼓勵	好奇心	多樣性	自主性
10.建立線上「咖啡館」，學生可以在此暢所欲言。	20.提供議題幫助學生自我反思和回應，讓學生有機會與自己對話。	30.鼓勵學生寫下自己喜歡的主題，並進行網路探索與學習。	40.請學生探索最新的網路資源，例如尋找瀏覽數最多、爭議最多或分享次數最多的資源。	50.教師大規模開放線上課程（MOOC），提供部分數量的名額，讓世界各地學生一起修習課程。

資料來源：Bonk & Khoo (2014). *Adding some TEC-VARIETY: 100+ Activities for motivating and retaining learners online*. Retrieved from https://www.researchgate.net/publication/263616695

表2-6　TEC-VARIETY 的後50項活動

相關性	交互性	參與度	緊張感	產出
51.教師提供學生案例研讀，案例可以多媒體的形式呈現。	61.讓學生扮演學者、科學家或論文作者，並以此學術角色，進行討論與互動。	71.善用網路即時數據互動地圖和資料庫，例如：天氣圖。	81.安排學生辯論有爭議的線上新聞、博客和其他媒體內容。	91.以卡通和動畫電影製作方式呈現所學成果。
52.教師提供與學生生活或工作環境有關聯的任務或論文，讓學生感受到課程的實用性。	62.讓學生提問，由學習者互相回答並進行討論。	72.善用互動多媒體術語表，內含豐富的圖片及影片，例如：計算機和物聯網術語表。	82.提供學生某種類型的爭議性議題，要求學生分組進行正反方辯論，之後互換立場，再次進行辯論。	92.以紀錄片拍攝方式呈現所學成果。
53.安排學生利用平台共同完成創作，例如：維基編輯項目（包括維基百科）。	63.採用線上內容拼圖法進行小組討論，賦予每人不同任務，小組討論完後，聚集各組負責相同任務者，再討論一次。	73.提供會說話的字典和翻譯工具，幫助學生理解不同語言的內容，例如：google翻譯。	83.提供辯論議題，讓學生扮演議題中不同的角色，根據角色立場辯論，例如：法庭辯論。	93.以5-10分鐘影片方式總結課程所學內容。

相關性	交互性	參與度	緊張感	產出
54.提供語言學習及線上對話和輔導工具及軟體，擴展學習範圍，可以幫助學生閱讀並理解不同語言的相關資料。	64.採用翻轉課堂策略，安排學生課前觀看教學影片或資料，課中進行議題討論或完成任務。	74.提供互動多媒體時間表，幫助學生快速翻動時間表，尋找關鍵歷史事件等。	84.教師發起挑戰賽問題、難題或棘手案例，安排學生分組競賽。	94.以書籍預告片方式呈現課程所學內容。
55.將即時線上新聞和新媒體資料融入課程中，引起學生興趣。	65.利用不同工具引導學生腦力激盪並共同完成創作。	75.提供模擬動畫，和互動式教材，幫助學生理解抽象概念，例如：流體和壓力模擬。	85.教師可提出議題，並設計價值判斷量表，限時開放投票，學生可以匿名表達各自的觀點。	95.以線上書評方式呈現課程所學內容。
56.邀請世界各地專家進行跨文化網路互動會議。	66.讓學生利用不同工具或軟體，共同完成概念圖，將知識概念視覺化呈現。	76.提供虛擬工具和科學儀器，例如：虛擬顯微鏡。	86.提供學生論述圖工具，幫助學生擬出辯論計畫及畫出思考流程。	96.以建置內容資料庫和學習入口網站方式呈現所學內容。
57.教師錄製線上影片，講解並示範教學內容。	67.安排學生一邊觀看影片，一邊進行影片內容注解。	77.提供課程討論微博，例如：推特或LINE群組。	87.安排學生參與網路視訊會議競賽，例如：世界事務挑戰賽。	97.以訪談及口述歷史方式呈現所學內容。
58.提供教學內容精簡介紹影片或微型講座，幫助學習者快速瞭解學習指南、輔導材料和內容。	68.安排學生一邊觀看影片，一邊進行影片討論與對話。	78.提供線上主題圖片展，例如：城市演變照片或已滅絕生物圖。	88.安排學生參加線上多媒體創作競賽。	98.以寫作方式呈現所學，並輔以語法檢查工具及同儕互查方式，精進寫作技巧。

相關性	交互性	參與度	緊張感	產出
59.提供論文說明影片，透過影片來理解研究者的實驗設計及研究成果。	69.以「關鍵字雲」互動，幫助學生以視覺化方式快速掌握目前資料內容的重點，或大家的意見想法。	79.提供線上互動展品，幫助學生透過虛擬技術接觸，體驗不同的人工製品。	89.鼓勵學生尋找高品質資料，舉辦尋找「最佳」內容的競賽，例如：最佳引語、文章、論文、新聞報導等。	99.透過平台或工具檢核並記錄學習成就與歷程，以學習報表方式呈現所學，例如：顯示"我做到了"哪些項目，或未完成哪些項目。
60.提供與課程有關或學生有興趣的訪談和口述歷史資料。	70.安排學生以非正式虛擬方式參與現場峰會、論壇或會議，並透過通訊軟體讓學生同步討論會議內容。	80.教師提出事實面、解釋面及應用評估面等三種不同層級的問題。	90.提供學生線上遊戲、謎語和測驗，以及成績排行榜。	100.以線上海報展或成果展方式呈現所學內容。

資料來源：Bonk & Khoo (2014). *Adding some TEC-VARIETY: 100+ Activities for motivating and retaining learners online*. Retrieved from https://www.researchgate.net/publication/263616695

　　以上100個活動，不僅適用於線上教學，亦適用於傳統實體課室，教師剛開始執行這些活動時，或許會遇到一些技術上的困難，但經過調整，相信很快熟能生巧。不一定要使用所有的方法，建議從有把握的做起，慢慢增加活動項目，絕對能降低學生線上學習的流失率。

第五章

遠距課程設計

　　本章將介紹兩門課程，應用了上述部分的活動，一門是開在研究所的「教學設計」課程，一門則是開在大學部的武術課程，將根據課程設計及實施過程描述，提供大家參考。

一、教學設計

　　「教學設計」這門課是國立臺北教育大學教育傳播與科技碩士在職專班的必修課，由作者本人開設。除了理論之外，也必須將科技融入課程設計中，因此課程中也會談到新興科技並示範其功能，幫助學生瞭解將資訊科技融入課程中的可能性，如何在教學設計中發揮科技的最大效益，是這門課的目標之一。因為這門課兼具理論與實務的內容，因此將課程設計分成兩部分，實體課程主要以理論的探討與資訊科技的展示為主（如圖2-2、2-3），線上課程則以學生理論導讀及教師的講解為主（如圖2-4、2-5）。

圖2-2　機器人Kebbi Air教育套件

圖2-3　機器人教學模組設計與開發

圖2-4　學生線上導讀

圖2-5　學生回應問題

　　這個班級修課的學生白天在職，晚上進修，加上新型冠狀病毒（Covid-19）影響，為避免學生過度集中上課，增加感染機會，所以事先詢問學生線上上課的意願如何？全部學生擔心疫情擴大，且能節省舟車勞頓的時間，因此贊成線上授課。而學校希望大家努力「防疫不停學」，要求大專師生做好線上教學的準備。因此除了轉寄教育部推出的「線上教學便利包」，並提供完整的學習資源，引導各級學校準備與實施線上教學，如下表2-7，並公告於本校首頁防疫專區之政府公告（https://www.ntue.edu.tw/home/），讓師生隨時可以參考自學。除此之外，為了強化教師的技術能力，本校亦於行政會議中，由計算機與網路中心同仁製作PPT，公開傳授相關平台的使用方式，亦開放全校行政人員同步上線學習。假若師生電腦的錄音裝置、攝影機或google瀏覽器有任何問題，亦可連絡計中的工程師或上網觀看示範教學影片，取得後續進階與服務協助，如下表2-8、2-9。

表2-7　線上教學學習資源

政府線上教學資源	連結網址
教育部「線上教學」教學影片ON AIR新聞	https://reurl.cc/d0DYyM
教育雲—防疫不停學線上教學便利包	https://learning.cloud.edu.tw/onlinelearning
線上教學—概論篇	https://youtu.be/8IBjjuguSEk
線上教學—同步教學篇—以Meet視訊會議系統示範	https://youtu.be/45J512PwV5o

政府線上教學資源	連結網址
線上教學—混成教學大專院校篇—運用 Microsoft Teams示範	https://youtu.be/db-GMtbcJOc
線上教學—混成教學大專院校篇—運用 Google Classroom示範	https://www.youtube.com/watch?v=p6qZEZgW9-o
線上教學—混成教學中小學篇—運用 Google Classroom示範	https://youtu.be/HPg6aiFozz0

表2-8　國北教大安心就學支援服務教育訓練投影片

Google Hangouts Meet 軟體應用演示	五分鐘內學會GOOGLE MEET 老師只有三步驟,同學只有一步驟 ・老師 — 步驟一：開啟google瀏覽器,登入本校所配發給老師的Google帳密(xxx@mail.ntue.edu.tw) — 步驟二：發起會議,分享會議網址,審核學生是否能加入會議 — 步驟三：分享電腦桌面(或簡報畫面),開始上課 ・同學 — 開啟google瀏覽器,輸入老師提供之會議網址(免註冊帳號)
LINE 共享螢幕教學	五分鐘內學會LINE共享螢幕 老師只有三步驟,同學只有一步驟 O 老師 　O 步驟一：安裝PC版LINE 　O 步驟二：建立課程群組,並開啟「群組視訊通話」 　O 步驟三：開啟「分享螢幕畫面」,確認上課人數,開始上課 O 同學 　O 開啟LINE(電腦版或手機皆可),加入群組通話,選擇老師的畫面進行觀看

EverCam 快速入門 教學	
ZOOM 快速入門 教學	

資料來源：殷健雄（2020）。【Google Hangouts Meet、LINE、Zoom及Evercam軟體介紹簡報】。未出版之原始資料。

表2-9　進階學習內容

‧ Google Hangouts Meet https://support.google.com/a/users/answer/9282720?hl=zh-Hant ‧ LINE http://official-blog.line.me/tw/archives/82467713.html ‧ EverCam https://tw.formosasoft.com/km/20 EverCam(上)，http://p.fms.tw/media/s/xEIo72 EverCam(下)，http://p.fms.tw/media/s/hXYbgE http://eeclass.nccu.edu.tw/course/11/intro ‧ ZOOM https://zoomnow.net/zntw_zoom_step_by_step.php https://www.youtube.com/watch?v=rLggslx4dnQ&t=438s

資料來源：殷健雄（2020）。【Google Hangouts Meet、 LINE、Zoom及Evercam軟體介紹簡報】。未出版之原始資料。

二、武術課程

　　一般而言，大家很難想像體育課或武術課要如何進行線上課程。現在就以國立臺灣師範大學運動競技學系李佳融教授所開設的武術課程為例。這門課共有選課學生70人，包含國家運動訓練中心培訓9人， 線上學生61人，總共教授基本套路1至41式。每次上課，教師於課前透過LINE群組傳送武術PPT教材如圖2-6所示、分解動作示範口訣如表2-10所示，同時以LINE群組進行點名，以及課後傳送點名紀錄表與當天學生學習演練錄影回饋評量，如圖2-7所示。

圖2-6　武術分解動作圖片及說明教材

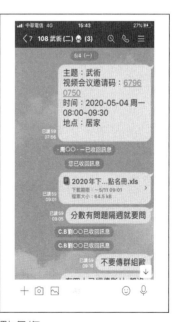

圖2-7　LINE傳送武術教材、口訣及點名條

表2-10　武術基本拳口訣

1.併步抱拳（嘿）	22.弓步頂肘
2.弓步推掌	23.弓步撩掌
3.弓步分掌併步抱拳	24.掄臂按掌
4.上步擺掌虛步架掌勾手	25.併步上衝拳
5.仆步立掌弓步摟手衝拳	26.弓步架衝拳
6.弓步連衝拳	27.高虛步亮掌
7.獨立步衝拳彈踢	28.空中擊步挑掌
8.馬步架掌衝拳	29.（上跳步）騰空飛腳
9.併步砸拳（嘿）	30.仆步亮掌
10.馬步架掌衝拳（哈）	31.歇步擺掌
11.弓步劈掌	32.裡合腿弓步推掌（嘿）
12.弓步雙擺掌	33.（併步）掄臂砸拳
13.仆步摟勾弓步撩勾	35.併步推掌
14.獨立步三斜拍腳	36.獨立步正踢腿
15.弓步架掌推掌	37.歇步抱掌
16.震腳弓步衝拳	38.（側立）推掌側踹
17.翻身馬步抱掌	39.弓步握腕
18.獨立步提膝亮掌	40.（側立）纏腕踩腿
19.躍身前穿仆步摟手弓步衝拳	41.弓步推掌（哈）
20.弓步按掌穿掌仆步穿掌	灰底字期末考口訣可不複誦（口訣每個動作都加步法）
21.墊步單拍腳	

　　除此之外，教師在學期中以MindLinker視訊會議配合廣視電子科技有限公司之86寸螢幕（L86CBT觸控式液晶互動顯示系統）同步教學並即時回饋（如圖2-8），武術套路教學步驟為：

　　一、上課鐘響準時，以視訊連線點名，學生必須顯示全名、點名序號或線上影音答覆，以兩次點名為基準（課前修正英文名字及簡稱，以利縮短點名時效）。

　　二、教師教授該週教材課程內容PPT及動作名稱口訣要領等。

　　三、教師以分解、連續動作示範武術套路教學。

　　四、全體學生分解動作學習達到一定成效後，學生於居家空間自行反覆演練。

　　五、學生必須於下課前，以LINE群組，各自傳送武術套路自我演練學習

連續動作影帶。

　　六、教師利用下課後，觀看學生影帶並評量學習成果。

　　七、教師評量學習成果後，將點名紀錄表、評量表或重點回饋說明，統一以LINE群組告知學生。

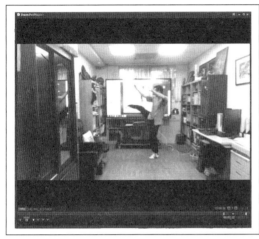

圖2-8　MindLinker 視訊會議同步教學

　　108學年度下學期間，國立臺灣師範大學有兩位學生在不明原因下確診新冠狀病毒，學校在教育部、衛福部規定下，教師必須採取視訊教學。教師感受到本次視訊教學產生的課題包括：一、運動選手（學生）無法群聚及參加各項比賽，出席率從往年的70%左右提升到95%以上。二、學生視訊上線能夠準時（極少發生遲到現象）。三、教師必須重新準備視訊教學課程教材內容。四、師生必須學習準備視訊應用軟體。五、教師課後評量學生學習成果相當耗費時間與精神。六、教學動作視訊方向角度無法達到3D效果。六、學生每週課程動作學習即時評量，有利於增進學習成效。

　　學生在有限居家空間攝影當天所教授之武術套路過程。老師以學生完成的影片紀錄，即時評量學生學習成果。並規定若平常成績累積總分達到60分以上者，可優先期末考。若同學提早通過期末考，可優先評量學期總成績（如圖2-9、2-10）。

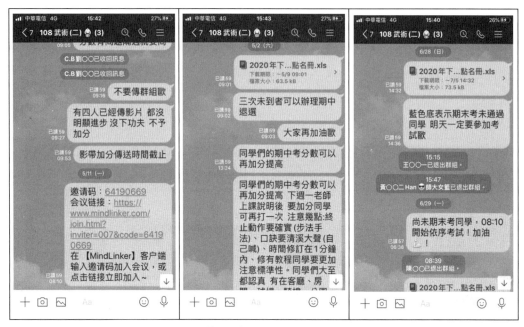

圖2-9　學生回傳影片及期末考相關規定

國立臺灣師範大學 108 學年度第 2 學期點名計分表

開課序號:0144　開課系統:競技系　一
科目代號:FPU0160　科目名稱:武術(二)　科目組別:　學分:1.0
任課教師:李佳融

編號	姓名	班級	3/2	3/9	3/9平常	雜 3/16	3/23	3/30	3/30平常	4/6	4/6平常	4/13	4/13平常	4/20	4/20平常	4/27	4/27期中	5/4	5/11	5/11平常	5/18	5/25	6/1	6/8	6/15	6/22	6/29	期末考	出席40%	平時40%	期中20%	期末20%	學習態度	總分
1	呂	競技碩四	2	2	80	2.2	2.2	2.2	85	2.2	75	2.2	70	2.2	75	2.2	80	2.2	2.2	2.2	1		2.2	2.2	1		85	37.6	15.5	14	17		84.1
2	蔡	競技系四	2	2	80	2.2	2.2	2.2	85	2.2	75	2.2	70	2.2	70	2.2	70	2.2	2.2	80	1	2.2	2.2	2	75		36.6	15.3	14	15		80.9
3	曹	競技系四	0	2	80	3.5	1	2.2	85	2.2	70	2.2	0	2.2	70	2.2	65	2.2	2.2	80	0	2.2	2.2	1	0	1.2	60	30.7	12.8	13	12		68.5
5	陳	競技系四	2	2	80	3.5	2.2	2.2	85	2.2	70	2.2	80	2.2	85	2.2	75	2.2	2.2	80	2.2	2.2	2	2	85		39.9	16.0	15	17	玩手機2次	80.0
6	林	競技系四	0	2	80	3.5	2.2	2.2	70	2.2	70	2.2	65	2.2	70	2.2	0	2.2	2.2	2	2	85	34.7	15.0	14	17		80.7
7	高	競技系四	2	2	80	3.5	1	2.2	2.2	85	2.2	80	2.2	80	2.2	80	1.5	1.5	1	0	2.2	70	34.5	15.5	16	14		80.0
8	林	競技系四	0	2	80	3.5	2.2	2.2	70	2.2	70	2.2	65	2.2	70	2.2	0	2.2	2	1	2.2	65	32.7	15.3	13	13		74.0
9	簡	競技系四	0	0	0	3.5	1	2.2	2.2	75	2.2	0	2.2	65	0	60	0	2.2	80	0	2.2	2.2	1	0	0	26.5	10.2	12	0		60.0
10	林	競技系三	0	2	75	3.5	2.2	2.2	70	2.2	75	2.2	75	2.2	70	2.2	0	2.2	80	0	2.2	2	85	36.9	15.2	15	17		84.1
11	洪	競技系三	2	2	80	3.5	1	0	2.2	65	2.2	60	2.2	75	2.2	75	2.2	80	1	1.5	1.5	1	2.2	2.2	60	33.3	12.0	15	14		72.3
12	鐵	競技系三	2	2	80	3.5	2.2	2.2	85	2.2	70	2.2	70	2.2	80	2.2	2.2	2.2	1	2.2	2.2	80	39.1	15.2	16	16		82.3
13	何	競技系三	2	2	80	3.5	2.2	2.2	85	2.2	70	2.2	70	2.2	80	2.2	2.2	2.2	2	2.2	2	85	37.8	15.7	16	17		86.5
14	朱	競技系三	2	2	80	3.5	2.2	2.2	70	2.2	78	2.2	2.2	2.2	80	1.5	1.5	1	2	2.2	2	85	36.4	15.3	15.6	17		84.3
15	何	競技系三	2	2	80	3.5	2.2	2.2	80	2.2	80	0	2.2	2.2	2	2	85	33.2	12.8	17	17		80.0
16	吳	競技系三	2	2	80	3.5	2.2	2.2	80	2.2	70	2.2	2.2	80	1.5	1.5	2.2	2.2	2	85	37.7	14.8	16	17		85.5
17	許	競技系三	2	2	80	3.5	2.2	2.2	80	2.2	70	2.2	80	2.2	2.2	2.2	1	2.2	2	85	39.1	15.2	12	16		82.3
18	粘	競技系三	0	2	80	3.5	2.2	85	1	70	0	0	2.2	65	2.2	60	2.2	2.2	2.2	70	29.5	12.7	12	14		68.2
19	陳	競技系二	2	2	80	3.5	2.2	2.2	70	2.2	70	2.2	2	2.2	60	38.3	15.0	14	13		79.3
20	林	競技系二	2	2	80	3.5	2.2	2.2	70	2.2	70	2.2	70	2.2	80	2.2	2.2	2.2	2.2	1	2	85	37.6	15.3	14	17		83.9

圖2-10　學生平時成績計分表

第六章

遠距課程後的反饋

　　學生上完課後，根據學生的背景，常會有兩種不同的反應。如果是在職的學生，一般而言，較喜歡採用遠距線上課程，因為可以節省上下班通勤時間，較有彈性。如果是一般生，則不一定喜歡遠距課程，他們喜歡到校跟老師同學有面對面的接觸與討論。其實這些都和遠距教學的特性與優缺點有關，以下整理9位在職學生（以S1～S9暱稱）上完遠距同步及非同步線上課程後的心得反饋，共有以下五點：

一、線上課程節省通勤時間

　　臺灣雖然不大，但對於在職的學生而言，遠距教學節省他們許多到校的通勤時間，讓他們在一個較輕鬆的狀態下學習。

　　實際到課是最普遍的上課方式，但對在職班學生也是最辛苦的方式。一下班要在尖峰時間趕路到 學校上課，有時連晚餐也需要快速解決，才能準時抵達教室，工作一整天後繼續上課，我的專注力可能不夠好。雖然同步線上課程會受網路及設備影響，但線上課程著實減輕了在職班學生和尖峰時間競賽的問題，無論是同步還是非同步課程，都讓我覺得輕鬆不少。（S1）

　　因為住在比較遠的地方，這兩次分別使用同步與非同步的遠距課程，最大受惠的部分是減少了通勤的時間及金錢。（S2）

　　至於學習的模式，同步與非同步，我都有認真的聽跟思考，所以對我來說效果差不多，不過在家學習跟到校比較的話，我覺得在家學習還不錯，因為車程的時間可以節省，但有時候可能會想見面或是跟教授討論時，還是需要實體上課，因此我覺得實體上課跟線上上課都有必要性，同步與非同步教學也需輪流會比較好。（S5）

我感受到同步課程最大的優點，就是課程的進行可以不受時空限制，這讓我在交通通勤上節省了非常多的時間。且因為疫情的關係，在家中同步授課相對是讓人感到比較放心的。（S9）

二、網速及穩定度影響線上同步課程品質

大部分學生覺得線上同步課程可以達到面授課程的效果，但網路的速度及周邊軟硬體的不穩定性，有時會影響上課的品質，或許5G時代的來臨，就可以完全克服這個問題。

……但比起線上課程，實際到課卻是我更容易進入狀況及理解學習內容的方式，可能因為實際到課沒有網路不穩、設備斷訊、缺乏即時性討論及問答等狀況。（S1）

……然而線上同步學習卻有不穩定的因子可能會發生，即為網路或設備的穩定性，如學生可能因為設備或網路的關係，而無法進入線上教室，就要以其他方式聯繫才能得知目前狀況等。然而只要有方式可以排除這樣的狀況，對我而言，線上同步學習是可以完整學習課程的。（S2）

線上同步時，有時候會有連線的問題，或是連線等待的時間成本，使用者是需要花點時間練習與熟悉操作，相對時間成本有時候會比預期多，較不順暢。（S5）

唯一比較令人詬病的，就屬網路連線的部分，有的時候會稍有延遲，甚至斷線的狀況發生，期待5G時代的來臨，或許能夠克服此類技術問題。（S9）

三、非同步課程的學習彈性大

學生一致認為非同步課程最大的優點就是學生可以按照自己的進度及方式學習。比起同步課程而言，有更多學習時間及空間上的彈性。

非同步課程還有一個好處是就算沒有即時性，若我對課程內容有不懂的地

方，我可以反覆觀看課程內容，並以自己的步調查看教課書或上網尋求相關資訊。（S1）

　　非同步學習將預錄好的影片或檔案上傳於學習平台，讓學生自行掌握時間學習。相對於線上同步學習，非同步的學習給學生更大的自我掌控空間，以這次的經驗來看，課程當天正值返鄉過節，老師的非同步學習來的很是時候，正好在返鄉的車上完成觀看兩部影片，而後利用其餘時間觀看剩餘的影片，上課時間多了更多的彈性可以運用，更棒的是，因課程皆已錄製好，當有不甚了解處，隨時可以將影片開啟播放，找到想要重新觀看的地方，再次播放。（S3）

　　因為兩種模式都有體驗到，像我自己比較偏愛非同步教學，因為在遇到較不理解的地方時，可以按暫停或是重複播放，也讓自己稍作思考，除此之外，能夠妥善安排自己的時間。（S4）

　　非同步的優點是我們可以重複看同學或是老師的側錄，當有不清楚的地方時，我們可以停下來，或是重新觀看。（S5）

　　非同步的線上課程也能夠達到學習效果，雖然缺少同步學習中，師生互動與即時回饋的部分，但我認為非同步的教學，讓學生在進度掌握上多一些彈性，同時保留專業的資料內容供複習使用。（S6）

　　線上同步課程學習時間是固定的，因此受限於該時間需完成課程，若未能即時上線，可能影響到學習，故大部分老師都會在同步時錄影，並將影片上傳到平台提供學生後續複習。若當下未錄影，未同步的學生就無法進行該次的課程學習。反之，非同步課程的上課時間較彈性，可依據自己的時間需求安排學習，甚至可以分段來學習，相較之下較為方便，但也可能因此拉長了學習時間。（S7）

　　我認為很棒的是除了老師及同學們呈現的教材很清楚外，我能夠調整影片的速度、回播重點。畢竟學習久了都會有些疲倦，但我可以自行調整學習節奏，以及在恍神時回到之前忽略的內容重新複習，這是我認為非同步課程很大的優點。（S9）

四、非同步課程缺少人際互動

　　非同步課程的最大缺點便是師生無法即時線上互動，如果學生自主學習能力強，或許可以克服此缺點。若無法維持學生學習動機，則會大大影響學習成效。

　　然而非同步教學缺少了與人互動的溫度，也比較容易分心，我認為需要重複回去聽的大部分原因不是因為內容太難，而是因為當時並沒有非常專心在視訊教學上。雖然非同步有諸多好處，但我個人更喜歡同步教學，因為喜歡和老師、同學有更多的互動，有問題可以即時提出，也能較專心完成課程。（S2）

　　非同步教學中，學習者能自由地找時間或地方進行學習，但缺點是少了即時性的討論與回饋。（S5）

　　同步課程時，學生有問題可以立即發問，老師能解決學生的問題；非同步課程若遇到問題時，則需私下詢問老師，較不方便。（S7）

　　線上同步與非同步學習，我個人較喜歡同步，因為同步學習中可以和老師、同學們互動，透過互動更能加深對課程的印象，且在同步學習中，同學若有問題，可以立即得到老師的回應，而同學在同步學習中也更能夠培養感情…若是當下真的安排不出時間時，能做非同步學習也不錯，只是自己獨自面對冰冷的螢幕學習，會降低學習的熱忱度。（S8）

　　非同步課程少了一點互動性，上起課來會比較無聊一些。（S9）

五、同步課程易產生視覺疲憊及專注度問題

　　很多學生使用電腦、平板及手機進行遠距學習，由於螢幕大小及解析度問題，經常會造成視覺疲憊。此外，因為學生上課地點不一，周遭環境是否安靜，的確會影響上課的專注度。

　　進行同步課程時因需要極度的專心，長時間的課程對視力是一種很大的負擔，希望同步課程一次不要太長，中間需要適當的休息，避免因長時間的學

習，影響專注度並造成視覺疲憊。（S6）

　　身為媽媽的我個人較偏愛非同步課程，因為晚上我沒有其他地方可以進行學習活動，只能待在家裡，但小孩還小，常常在我進行同步學習時在旁邊吵鬧，讓我容易分心，學習效果大打折扣。連身為大人都容易分心了，未來小學若進行同步課程的話，我可以想像學習效果一定非常的差。（S7）

第七章

結論與建議

　　由於一場Covid-19疫情，全世界被迫快速改變教學模式，老師與學生都必須適應線上教學方式。雖然遠距教學行之有年，但畢竟不是主流教學方式，具有遠距教學經驗的師生還是少數，特別過去網路頻寬及速度都不及現在的情況下，很多師生對遠距教學都抱著遲疑、觀望的態度，很多研究也發現學生中途放棄學習的比例不低（Bonk & Khoo, 2014）。的確，遠距教學模式，不管是同步或者是非同步教學，都無法取代實體面授教學，且各自有其優缺點，要如何善用技巧改善不同模式的缺點，是刻不容緩的事。本文提出一些規範、指標及小活動，並舉出具體課程實例，供教師在設計遠距課程時參考，希望能幫助大家維持遠距教學課程的品質，放大遠距教學不受時空限制的優點及彈性，促進學生自主學習的目標。以下提出三點建議，希望在動盪的世界局勢及環境下，如果需要，師生都能從容地轉移到線上，讓學習持續進行，沒有任何距離。

一、對學校的建議

　　目前遠距教學並不是大家所熟悉的方式，所以學校應該要給予師生更多的協助與支持。清楚的規定及作法，或許不會造成大家的恐慌。如果一定要遠距教學，學校是否提供教學平台？各校計網中心是否要確保平台可同時容納全校師生在線的最大容量。建議學校平常就開設培訓或觀摩課程，鼓勵或規定教師參加，以利熟悉如何操作平台的各項功能。同樣地，學生也該接受相關的課程訓練。學校可以鼓勵老師在每學期的課程中，嘗試進行線上課程3～5次，過程中有任何問題，學校有專責的團隊可以從旁協助解決，平時就做好準備，遇到時才不會手忙腳亂。另外，如果學生家中沒有電腦相關設備，需要學校協助，學校是否有配套措施？可以商借學生設備以利學習順利進行。

二、對老師的建議

　　遠距教學對一般老師而言，的確是一個挑戰。首先，老師要調適好自己的心情與態度，不要過度緊張，或是抗拒此種教學方式。因為現在的軟硬體平台介面越來越友善及人性化，只要用過手機或平板，面對任何平台功能都不是困難的事。所以保持開放的心，樂於接受遠距教學，就是成功的一半。雖然平台功能越來越簡化，但如何在線上運用一些技巧及教學策略，以維持學生的學習動機，卻要在不斷嘗試中才能增加經驗，一開始或許會覺得不習慣，感受不到學生的臨場感，透過本文提出的一些指標及小活動，可以幫助老師進入狀況。建議老師參加學校開設的相關培訓及觀摩課程，或是開放自己的遠距課程，歡迎其他師長給予改善建議，並時時聆聽學生的回饋與想法，多包容學生一些，畢竟他們也是新手，相信老師很快就會掌握教學狀況。

三、對學生的建議

　　對於學生而言，可能要分兩個族群來建議，第一個族群是年輕世代，對年輕人而言，在線上進行學習不是困難的事，因為對於「數位原住民」而言，非常習慣「掛網」，生活也離不開3C產品，科技能力似乎是他們與生俱來的。但什麼才是他們的挑戰呢？我認為是自主學習及後設認知能力的養成。要如何有毅力及有策略的完成課程，需要學習。畢竟老師不會像傳統課室一般與你面對面的互動，自制力變得非常重要，剛開始或許訂定一個學習計畫表，按部就班較易成功。接著，對於成年或樂齡族群而言，只要願意修習遠距課程，其學習動機會比年輕人要強，自主學習能力相對成熟，只要抱持開放並樂於接受科技的態度，相信很快就會熟悉如何操作介面。如果遇到問題，要勇於尋求協助，千萬不要害羞，相信授課教師或是學校專責單位都樂於協助解決。但對於老化的生理問題，如視力保健或久坐問題，只要多加留意照顧，應該都可以克服的。

第三篇

遠距教學的興起與普及

讓我們在網路相遇，開始一段無社交距離的學習之旅

宗靜萍

　　本文主要介紹高雄空大遠距課程發展的過去、現在及未來。從傳播科技的演進審視遠距教學者課程設計的改變及評量方式的變革。在強調教學回饋時，教學者如何透過ee-class數位學習平台了解遠距學習者網路學習行為；以及如何經營課程討論區，強化與遠距學習者的互動。當面對新冠疫情衝擊時，高雄空大先後透過Zoom、Webex進行網路同步直播課程，是高雄空大首次將網路同步與非同步技術應用於所有的遠距課程上。

第一章

當傳播科技成為教學科技

　　回顧遠距教育的發展，可以清楚地發現，每當新的媒介出現時，遠距教育者就會將它視為新的教學媒體並且嘗試使用它來進行教學活動。隨著網路科技的出現與普及，透過網路進行各種學習行為，已成為成人遠距學習環境的新契機。遠距教學媒體從函授教材到廣播、電視、網路多媒體，至近年來智慧型手機、平板電腦等行動裝置，期間之改變不可謂不大。國內雖有兩所以遠距學習為主的空中大學，卻無學校自有之廣播及電視教學頻道。為滿足成人遠距學習需求，國內空中大學早期須透過國立教育廣播電台、高雄廣播電台、中華電視公司與高雄、屏東等地區有線電視播送系統播出教學節目。考量成人學習者是利用工作之餘的時間進修，為方便學習者收看廣播、電視教學節目，播出時間必須避開白天工作時間，選擇在日間上班之前及晚間下班後時段播出。長久下來，對成人遠距學習者造成種種生活作息上的不便。將網路課程與廣播、電視課程相較，網路課程優點為學習者能依據個別需求，決定收聽、收看時間或次數、是否下載教材、上傳作業及教學者與學習者能進行互動討論等；反觀廣播電視教學節目必須在固定的時間播出，學習者如果無法即時收看收聽，只能藉由事前設定錄音錄影，將課程予以備份，方不致因收視收聽教學節目，影響個人生活作息。

　　隨著智慧型手機、平板電腦等個人行動裝置被廣泛使用，快速改變人們的生活習慣，不僅豐富我們的娛樂生活，也成為學習上、工作上便利的設備。根據國家發展委員會「108年持有手機民眾數位機會調查報告」顯示：國內單純仰賴手機上網的人口越來越多，由105年11.9%、106年18.7%、107年28.0%，再增為108年31.2%。手機行動上網族都在手機上從事什麼應用服務？在可複選的前提下，108年手機行動上網族透過手機從事的前五項行為，依序是社群應用（如Line、臉書，每百人98人次）、資訊應用（如搜尋引擎、網路新聞、

e-mail、地圖，每百人90人次）、影音應用（如拍照、修圖、影片剪輯，每百人88人次）、娛樂應用（如遊戲、影片、直播、音樂、唱歌，每百人83人次）、政府服務（如郵局、公車、高速公路路況、中央氣象局，每百人72人次）。而學習應用（如線上課程、翻譯、幼兒教育），每百人30人次。進一步與107年相比，每百位手機行動上網族中，以健康應用使用者增加19人次，增幅最大，其餘各項使用率變化不大，在3人次以內。

大衛‧申克（David Shenk）在《資訊超載：數位世界的綠色主張（data smog）》一書中提到：「資訊，一度既稀有又像魚子醬般的珍貴，現在則是既豐富又像馬鈴薯般的被認為理所當然。」魚子醬是屬於富人的，馬鈴薯是留給窮人的（林宜靜、陳美岑譯，1998）。但曾幾何時網路科技普及後，網路學習的便利性已成為成人遠距學習者的首選，尤其是透過行動裝置中的應用程式（App）進行網路學習即是最佳的例證。透過App學習，意謂著學習型態的轉變，也再次顯示了行動裝置在教育科技上的應用。尤其針對平日忙於工作、家庭的成人學習者，讓不限時間、無所不在的學習更具實質義意。在教室中使用科技並非新的想法，現在的成人學習者本質上已與以往的學習者不同，已非昔日教育系統中被設計去「教」的那群人。

自2002年以來，美國高等教育協會（EDUCAUSE）連續18年發佈地平線報告，目的是希望通過專業的研究和分析，提供資訊讓世界各地的教育工作者更廣泛地思考他們所處的機構以及教育行業的未來。在《2020年地平線報告：教與學》版中指出，影響教與學的5個趨勢分別為社會的、技術的、經濟的、高等教育本身的以及政治的。高等教育的趨勢包括：學生數量變化、替代性教育路徑、線上教育等。報告中並描繪了未來10年，高等教育可能發生的四種情況：增長、約束，崩潰、及轉型中並為自身建立了一個成功的新典範（https://www.educause.edu/，10/09/2020）。2020年因受到Covid-19疫情的影響，高雄空大傳統之面對面教學課程，在疫情威脅下，於該年4-5月學期中，實施為期一個月的網路同步線上教學，此舉正是地平線報告中所指的，高等教育未來可能發生四種情況中的「轉型」。高雄空大設校廿餘年來，首次採用網路同步線上教學型態，嘗試取代傳統面對面教學型態，此一做法雖只是因應疫情的權宜措施，未來也有極大的可能全面取代之。

第二章

高雄空大網路教學的過去、現在、未來

　　高雄市立空中大學是一所成人遠距高等教育機構，為協助成人學習者學習，授課採遠距及面對面教學雙軌並行，由學習者依照個別需求，選擇適合自己的學習型態。成人學習者入學前並無學歷限制，但大多數學習者在入學前，均已接受過不同階段的正式或非正式教育，且擁有豐富的社會經驗。為了獲得新知、技能與學位文憑，選擇再次入學進行系統性的課程學習。

　　高雄空大成立於民國86年6月，創校之初以廣播方式進行遠距教學，之後再加入電視教學節目，並輔以每個月一次到校面授課程。隨著網路科技的出現及快速發展，以網路為教學媒體所設計的課程及學習環境已成為高雄空大主要的教學型態。93學年度第1學期，高雄空大開始實施以網路為教學媒體的遠距課程，課程名稱為「媒介素養」及「網路媒體與規劃」。唯當時網路課程製作方式，是先以錄影方式製作並剪輯成教學節目後，再以網路方式傳送，讓學習者在網路上收看教學節目。較特別之處為，收看網路課程之學習者未必全部為高雄空大已註冊且在籍之學習者。選修上述兩門網路課程的高雄空大學習者，可透過下列方式的收看非同步網路課程，如圖3-1所示。

第一類：選修網路課程並是中華電信ADSL用戶

　　因為是中華電信ADSL用戶，直接登入用戶密碼，即可進入中華電信的網路大學收看高雄空大網路課程。亦即只要是中華電信ADSL用戶均可直接收看網路課程，身分不限定是否已註冊成為高雄空大學習者。除此之外，並可透過網路電台及電視台，收看及收聽轉檔後的廣播及電視教學節目。

第二類：選修網路課程但非中華電信ADSL用戶

　　因非中華電信ADSL用戶，無法進入中華電信的網路大學學習。選課者直接進入學校首頁點選「教學與媒體」後，即可收看所有教學節目。包括廣播、電視及網路課程。由於是開放式的課程，無須輸入帳號、密碼，有興趣者均可上網學習。

第三類：選修網路課程並選擇在高雄空大台北教室進行面授課程者

　　高雄空大台北教室為了辨識此類學習者的身分，對於選修網路課程之學習者在完成註冊程序後，會以學號為密碼，讓這類學習者進入高雄空大為台北教室額外架設的網站，收看網路課程。受到伺服器的限制，高雄空大台北教室並不鼓勵選課者透過此方式收看網路課程，僅鼓勵選課者，利用此方式進入課程討論區與教學者及同儕進行討論，並在網路上即時繳交作業（宗靜萍，2005）。

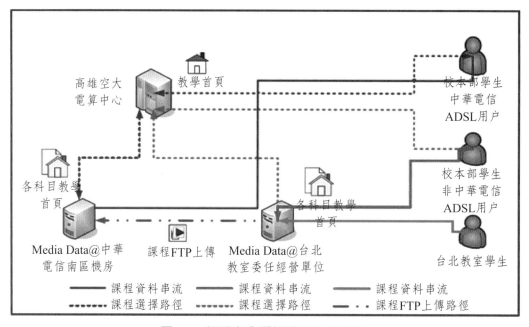

圖3-1　學習者收看網路課程之路徑

　　目前高雄空大網路課程的進行方式，教學者透過EverCam方式錄製網路課程並上傳至ee-class課程平台，選課者輸入帳號密碼，即可收看網路課課程。

選課者可選擇從電腦或行動裝置進入網路課程。電腦版畫面如圖3-2、圖3-3。

圖3-2　電腦版網路課程首頁畫面

圖3-3　電腦版網路課程登入帳號、密碼頁面

　　除了收聽網路課程之外，與教學者及學習者息息相關的校務系統，電腦版頁面圖示如下。

圖3-4　電腦版校務系統頁面圖示

　　為方便高雄空大學習者使用智慧型手機及平板電腦等行動裝置進行網路學習，校方特別製作高雄空大OUK（App）應用程式，方便學習者進行網路學習，如圖3-5所示。

圖3-5　手機應用程式頁面

　　面對2020年新冠肺炎（covid-19）疫情擴散，高雄空大首次將面對面到校課程全部改用網路同步直播方式上課，是國內空中大學首度嘗試將當學期全部課程以網路同步及非同步方式進行。非同步網路課程因在高雄空大已施行多年，面對新冠肺炎（covid-19）疫情的不確定性，課程仍如期進行，不受疫情影響。唯面對面到校課程，在避免群聚及保持「社交距離」的考量下，校方決定在不影響選擇面對面課程學習者的受教權與計畫提出畢業申請的學習者需求，於2020年4月初，首次採用網路同步直播進行教學，校方先後採用Zoom及Cisco Webex應用程式進行網路同步直播教學。直播課程進行初期，面臨諸多挑戰。少數教學者及年長學習者因不熟悉網路同步直播應用程式的操作，進而影響課程的進行及雙方互動的方式外；亦造成少數無法適應網路同步直播教學的學習者，因擔心學習成效不佳而退選當學期的課程（宗靜萍、嚴正誼，2020）。

　　高雄空大學習者因為個人因素、學習風格及媒介使用偏好，而選擇遠距非同步網路課程或面對面到校課程。以高雄空大而言，學習者年齡相對較輕者，較易選擇非同步網路課程（宗靜萍、嚴正誼，2020）。以108學年第二學期為例，筆者觀察發現，網路同步直播課程進行時，不同課程屬性的同步線上直播教學，課程需求會不同。未來在進行同步線上直播教學時，可就課程屬性先行分類，規劃適合課程內容的直播軟體及硬體設備，而非全校採用單一視訊應用程式進行同步 直播教學。從圖3-6即可了解只選擇「網路教學課程」、同時選擇「網路教學課程」與「到校面授課程」二種課程者，及只選擇「到校面授課程」者年齡分布之差異。只選擇「網路教學課程」者，年齡以「20-29歲」者占33%最多，次為「30-39歲」者占24%，「40-49歲」者占20%，60歲以上者占9%。

　　同時選擇「網路教學課程」與「到校面授課程」者，年齡分布如圖3-7所示。60歲以上者占29%，次為「50-59歲」者占20%，「20-29歲」者占18%。除了60歲以上的選課者，「20-29歲」、「30-39歲」、「40-49歲」、「50-59歲」者的選課者百分比相距不大。

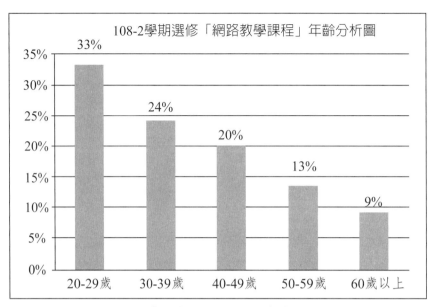

圖3-6　選修「網路教學課程」者年齡分布百分比

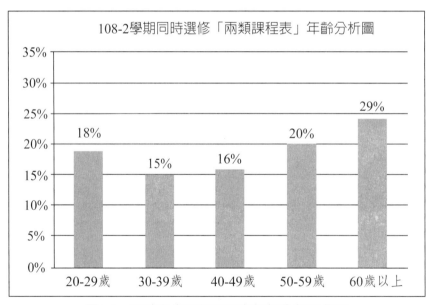

圖3-7　同時選修兩類課程者年齡分布百分比

108-2學期只選擇「到校面授課程」者，「60歲以上」占46%，20-29歲占8%。年齡分析如圖3-8所示。

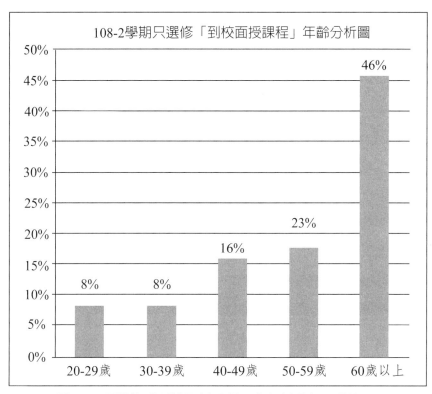

圖3-8　只選修「到校面授課程」者年齡分布百分比

第三章

網路學習評量

　　拜科技之賜網路教學者可以從網路課程平台的學習紀錄中，了解網路學習者的學習行為。尤其是非同步網路課程的進行，教學者經由學習紀錄中了解學習者課程閱讀時間的長短、頻率的多寡、習慣何時閱讀課程、是依照課程進度學習或集中在某一時間大量閱讀多堂課程、其在課程討論區是主動提問或僅參與問題討論及回答的方式等行為。對於與學習者身處異地的非同步網路課程教學者而言，課程平台提供的學習紀錄是幫助教學者了解學習者學習行為非常重要的來源及依據。

　　Marton（1998）認為學習方式是可以透過觀察而獲得的。就像科學家，透過科學的方法觀察各種科學現象；律師經由一個與司法有關的問題，了解問題的適法性；以及醫生經由各種儀器如X光機等，深入了解病人的種種情況。

　　高雄空大為了解每位學習者網路課程的學習過程，從104學年度起，透過網路課程平台記錄每位成人學習者網路課程學習檔案，進而繪製出學習者個別化的「網路學習曲線」，供教學者了解及掌握每一位成人學習者的學習行為。「網路學習曲線」讓網路教學者「看見」身處異時、異地的學習者網路學習過程。但如何將這些記錄歸納整理並加以分析後，從中「讀出」背後的意涵，進而運用於網路教學活動及課程設計之中，是從事行動研究極佳的研究主題。

　　學習評量涉及教學者對於「學習」的詮釋。筆者十分認同Ambrose, Susan & al（2010）對「學習」的看法。他認為學習是由三個關鍵部分所組成：首先學習是一個過程，而不是一個產品。由於這個過程是在學習者的腦海中發生，教學者僅能從學習者的產出或表現推斷而得。其次，學習牽涉到知識、信念、態度、行為的改變，而這些改變會隨著時間的推移，逐漸顯現出來。換言之，改變不是短暫的，而是會持續影響學習者如何思考及後續實際的行為。最

後，學習不單只是教學者對學習者做了哪些事，更重要的是，學習者對自己本身做了哪些事。最直接的結果就是學習者在過去及現在，是如何解讀和回應與他們經驗有關，刻意或無意的想法。因此，評量對教學者與學習者而言，絕非僅是某一時間點測試學習者知識程度的深淺、記憶力強弱的作法，而是不間斷蒐集資料與掌握發展過程的行為與計畫。評量需要有積極的意義，而非為評量而評量，目的是為學習而進行評量（assessing for learning），進而幫助學習者如何學習。

高雄空大日前使用的ee-class網路平台，除能記錄學習者閱讀課程的時間、參與討論的次數及上傳作業、期中、期末報告、發布教學相關問卷並可搭配即時回饋系統，增加與學習者互動機會。這些學習歷程能讓教學者清楚地了解個別學習者的學習歷程。從資料量的提供，網路課程平台顯示的資訊，絕對多於教學者「雙眼」觀察所得。對學習者而言，學習目標不只是獲得學科知識或技能，還必須能達成教學者在課程規劃時預設的教學目標。因此，不只是教學者，學習者更應透過網路課程平台，隨時檢視自己的學習歷程，經由反思自我學習行為提升學習成效。

學習成效的高低，是所有與教學有關的人都會關注的焦點。甚至被認為是教學或學習的核心所在。學習成效的評量分為主觀及客觀二個面向，主觀的評量為學習者對學習的滿意程度；客觀的評量為透過各種評量的工具評量學習者的學習表現（Motiwalla & Tello, 2000）。網路學習之所以受到高雄空大重視的原因為，學習者大多是利用工作之餘進行課程學習，學習行為完全由學習者自行規劃，是自主學習的充分表現。圖3-9所示為網路課程全體學習者學習進度統計表，教學者透過學習進度統計表，可充分了解學習者課程完成率之百分比。

為了增進與學習者的互動與對課程內容了解程度，高雄空大的教學者會要求學習者進入網路課程的討論區參與討論，並將討論的次數或討論的情況列入學期成績的評量項目中，如圖3-10所示。

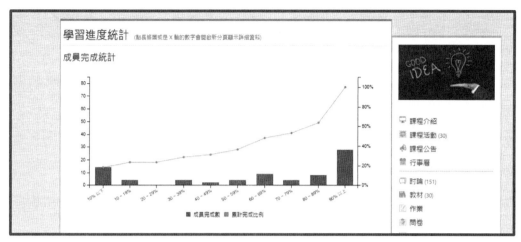

圖3-9　學習進度統計表

編號	主題	回應	參與人次	最後發
159387	媒體採用重覆性，增加效果	0	1	1 天前, by
158312	請教作業	2	3	2 天前, by
159100	謝謝老師 感恩	0	1	2 天前, by
158509	11/14因事無法到校上課，請假一次	0	1	5 天前, by
158339	耶魯研所	0	1	6 天前, by
158306	運用大量圖片和圖像較能吸引讀者的注意但加入配樂能更加...	0	1	6 天前, by
158205	現在的訊息傳播很方便，我們有義務把正確的訊息傳播出去...	0	1	6 天前, by
158203	我也有選擇的困難 呵呵～	0	1	6 天前, by
158143	意思形態類似科技學習，需不時更新，荒廢擱置太久便落後...	0	1	6 天前, by
157577	謝謝老師 感恩	0	1	10-30, by
157355	謝謝老師 感恩	0	1	10-29, by
157212	謝謝老師 感恩	0	1	10-28, by
157117	小團體的傳播力量是不容小覷的，當團體的每一成原員有著...	0	1	10-28, by
156789	感謝老師的講解。	0	1	10-27, by

圖3-10　學習者在討論區中參與的情況

第四章

結　論

筆者從ASSURE亦即A：分析（Analysis）、S：陳述學習目標（State Objectives）、S：設計教材（Design Materials）、U：使用教材（Utilize Materials）、R：要求學習者之反應（Require Learner Response）、E：評量（Evaluate）等六個面向比較網路出現前後遠距教學型態的差異。

一、分析（Analysis）

（一）教學媒體的特性

遠距教學發展過程中，教學者對「教學媒體」倚賴甚深。教學者除了課程設計外，更需要了解「網路」被用來做為「教學媒體」，應如何發揮其媒體特性。筆者分析網路出現前後，遠距教學與學習的差異整理如下。

1. 網路出現前，遠距教學以函授、廣播、電視教學為主。

分析類別	過去	教學／學習型態
教學媒體	1. 教科書（函授） 2. 廣播教學 3. 電視教學	1. 講授／閱讀 2. 講授、對談／收聽 3. 講授、對談、小團體討論／收視
課程進行方式	1. 函授教學需先提供學習者印刷教材，並郵寄給學習者 2. 廣播、電視教學通常需先錄製完成，透過廣播電台及電視台播出教學節目	受限於無線電波發射範圍及播出時間
課程設計	受限於教學媒體的特性： 1. 教科書為純文字及圖片 2. 廣播教學以聲音為主 3. 電視教學影音兼具	媒體型式決定教學及學習型態： 1. 教學者課程設計，受限媒體特性。 2. 學習者學習型態，受限媒體特性。

分析類別	過去	教學／學習型態
課程屬性	學校為學習者規劃之課程	有特定學習對象，封閉型學習
互動型式	無法即時互動	單向教學／學習

2. 網路出現後，遠距教學以網路教學為主。

分析類別	現在	教學／學習型態
教學媒體	網路	運用網路多媒體的特性進行教與學
課程進行方式	1. 同步 2. 非同步	無所不在的教與學
課程設計	透過聲音、影像、網路資源等多媒體方式進行內容設計	教學者可利用媒介的豐富性，進行課程設計。 學習者以媒介近用性，選擇適合學習的媒體。
課程屬性	學校提供既定或特定課程	無特定學習對象，開放教育資源
互動型式	即時雙向互動	透過即時雙向互動，增加教學回饋

（二）學習者屬性

分析類別	過去	現在
年齡	局限於某一段年齡的學習過程	無年齡限制、終身學習 只要願意學習者均可參與學習
職業	無職業限制	在職進修，邊工作邊導 網路學習不受時間及地點限制
學習目的	獲取文憑	自我充實、增加職能、擴展人際關係
資訊素養	不強調電腦操作技能	強調電腦操作技能

二、S：陳述學習目標（State Objectives）

以往教學者重視課程內容的設計，希望透過教學目標，達到預設的知識、情意、技能等學習目標。當網路成為主要的教學媒體時，教學者更須考量如何將科技融入教學中，善用網路科技即時、雙向互動及多媒體的特性，設計

課程互動討論區及師生回饋機制，讓教與學發揮相輔相成的效果，提高學習者的興趣及成效。隨著社群媒體的普及，教學者更應考慮如何將個人及小組討論與社群媒體結合，透過不同媒體的整合及運用，發揮同儕相互學習的效果。

三、S：設計教材（Design Materials）

當網路教學出現後，教學現場由以往的教室，演變成教室無「所」不在。近年來由於哈佛大學及史丹福大學的提倡，開放教育資源已普遍受到各國的重視，並相互借鏡。課程設計如何善用來自各國知名大學的開放教育資源，進而發展成無「所」不在學習，是教學者與學習者應該重視的課題。換言之，教學者在設計教材時，借鏡的對象增加了；甚而言之，課程相互間的競爭亦增加。根據麻省理工學院開放式課程網站調查顯示，96%的教學者認為自己在收聽（視）開放教育資源的課程後，能夠成功地協助他們提升及充實教材內容。（ocw.mit.edu, 2020，https://ocw.mit.edu/about/site-statistics/）。

以高雄空大為例，每學期教學媒體處會在學校通過校級課程規劃會議後，統一將通過的網路課程製作成教材錄製範本，除可達到視覺一致化的效果外，亦可降低教學者自行設計教材版型的時間。

四、U：使用教材（Utilize Materials）

網路出現前的遠距教學是以函授、廣播及電視方式進行。教學者大多以印刷、預錄的方式進行教學，最大的缺點是教材製作成本高，且無法即時更新；而學習者僅能依照事先排定的時間進行課程學習，無法依據自己的學習需求決定學習時間與學習次數。網路學習型態的出現，教學者可隨時上傳已製作完成之課程並隨時更新課程內容；學習者亦可在自己許可的時間內進行具有彈性的學習，從以往制式齊一的學習，轉變為滿足個別需求的學習型態。此外，網路課程的學習者可同時在實體的學校及網路大學交互進行學習，甚或在數所網路大學進行學習，絲毫不受地域不同的限制。因此，不論是教學者或學習者，教材來源與學習管道都更具豐富性及多樣性。根據麻省理工學院開放式課程網站統計資料顯示，選修開放課程學習的人員分別為：教育工作者占9%、學生占42%、自學者占43%、其他類別者占6%（ocw.mit.edu,2020， https://ocw.mit.edu/about/site-statistics/）。

　　以高雄空大為例，教學者可透過ee-class平台，隨時更新教材後，再重新上傳課程內容供學習者閱讀，並可利用學習者之電子信箱將課程相關公告，以電子郵件提醒學習者注意。

五、R：要求學習者之反應（Require Learner Response）

　　網路學習不同於傳統面授、函授、廣播、電視的遠距學習。網路學習者必須先熟悉網路所建置的學習環境，否則學習者會因不熟悉且無法順利操作及使用電腦相關設備，而中斷或停止所有學習行為。網路教學者在課程進行前、進行中及課程完成後，需透過網路課程平台持續觀察並了解學習者學習歷程，透過數據分析學習者的學習歷程檔案，做為教學者日後課程設計之參考。

　　以高雄空大網路課程為例，教學者會要求學習者在課程平台中的討論區進行發言或回應同儕的提問，讓教學者能掌握更多學習者的學習情況與回饋。

六、E：評量（Evaluate）

　　網路學習具有無遠弗屆及無所不在的便利性，深受學習者的喜愛，但學習品質與成效亦引起廣泛討論。學習成效的良窳需要透過多元評量，才能真實反映出學習成效。

　　網路學習評量與以往評量最大的差異，是讓教學者透過學習歷程檔案，「看見」學習者的可能性與潛在性，而非僅是「評量」的結果。更重要的意義是讓學習者本身也能「看見」自己的學習歷程，因為只有學習者本身最清楚自己的學習動機與學習目標是否達成。

　　以高雄空大網路課程為例，校方非常重視學習者網路學習歷程，先後將網路課程閱讀時數比例設定為學期成績的30%；109學年第二學期調整至學期成績的35%。此外，為使評量更確實，校方要求教學者在每一講次的網路課程中加入該單元評量的題目，如未加入者，課程教學視為未完成，學習者需回答完影片中的問題後，才能繼續閱讀網路課程。

　　筆者投入成人遠距教學，已逾廿年。從兼任面授教學者至專任教學者，期間見證廣播、電視、網路等傳播科技如何應用於遠距課程的設計與教學上，諸

多心得與讀者分享，並期待獲得回應。筆者最深的體會是，科技改變的速度再快，學習的本質仍然不變。科技幫助教學者及學習者「看見」教學與學習的過程，並讓彼此的回饋變得更容易及快速，前提是教學者及學習者必須是善用科技者。遠距課程在網路科技「飛速」的發展下，亟待教學者與學習者共同發掘其潛在性與可能性。數位學習紀錄將不再只是「時間」與「成績」計算的冰冷代號，而是能充分「厚描」每位學習者在不同載具、不同課程，甚至離線下的學習行為時，對教學者及學習者將會充滿更多的可能與期待。

第四篇

傳播科技課程之雲端體驗與反思

李佳玲

　　新冠疫情啟動各校遠距教學方案。筆者任教於北部境外學生眾多的私立大學，以大學部必修理論課「傳播科技」為例，分享如何有效運用免費或低成本工具執行遠距教學：採用FB社群學習社團進行「課程直播與管理」、使用Zuvio與Kahoot進行「課程互動」，利用VooV Meeting與WeChat進行「遠距小組討論」，以及運用旭聯科技的智慧大師系統管理「數位課程內容」、「線上考試」與「作業評量」等。最後，分享實施成效反思與境外生對遠距學習心得回應。

第一章

前　言

　　聯合國兒童基金會（2020）的四月中統計結果指出，受到新冠肺炎影響，全球大約有188個國家關閉實體學校，影響15億兒童，台灣雖有幸成為少數幾個仍有提供面授課程的國家，但面對此波衝擊，台灣的大學也面臨延後開學，各校教師必須投入遠距教學，為仍留在境外的學生提供遠距學習的準備。

　　筆者身在世新大學，是位於台北市的私立大學，境外生的比例相對較高，在境外生中，也有一部分比例的中國學生（後簡稱陸生），因此，在遠距教學的實施上，必須在連線方式與學習工具上考量所有同學的可及性，在授課期間，也發生別的學校出現感染人數，本校要求大班課程同學需分批授課的狀況。本文以筆者所教授的大學部二年級必修理論課「傳播科技」為例，分享在疫情期間如何運用現有免費或低成本的數位學習工具與平台，規劃執行遠距課程的經驗與反思。同時，本文也提供境外學生對於疫情期間遠距學習的經驗回饋。

第二章

遠距教學模式

　　遠距教學並非新觀念，從早期的書信、廣播、電視都可以看到它的身影（Moore & Kearsley, 2011），到了網路時代來臨，互動的方式更加多元即時，同步、非同步或是混成式教學讓現今的遠距教學更能貼近學習者的需求（Bonk, 2020）。然而，針對高等教育，尤其是大學生而言，學習只佔生活的一部分，如何與同儕、老師、學習環境在真實社會中互動，對學生而言也是不可或缺（Bonk & Khoo, 2014），此外，這一代學生雖屬於數位原生代族群，對於一般社交、娛樂或遊戲軟體熟悉，但是運用在學習上，仍是需要時間與練習來適應。因此，遠距教學在臺灣高等教育中比較偏向多元學習的一環，但是，運用網路或數位工具融入教學，也就是資訊融入教學已是常態（例如黃品齊、葉錦樹、簡桂彬與梁至中，2020；劉冠辰與柯志祥，2020），甚至扮演著重要的角色。

　　在碩士班部分，本校曾開設數位碩士在職專班，對於傳播領域來說，很多工作者並非朝九晚五的上班族，相對於大學生，他們對於學習更強調效率，因此，具彈性學習時間的數位學習更適合這樣的群體。在碩班的數位課程設計上，非同步的課程會比同步課程高。以下，將針對本校常用的教學模式分述如下：

第一節

各式遠距教學的優缺點

　　以本校而言，雖然有執行遠距課程的經驗與行政團隊，但過往在執行數位課程時，除了規劃設計的時間較充份外，同步課程時也會有助理協助技術排除，同時，也很少需要設計學生同時在線上與面授學習的狀況。在疫情期

間，對於平時沒有遠距授課經驗的老師來說，無疑是一件艱巨的任務。以遠距
教學的模式來說，同步課程接近平日的課堂面授，然而，如何在遠端重現面授
環境並提供互動是具挑戰性的（Bonk & Khoo, 2014）。例如學生的專注能力
與科技能力，授課環境的網路品質，以及互動規劃等等。在非同步部分，則是
教師提供教材與學習規劃於學習平台，學生在規定時間內完成或上傳教師所規
劃任務。此部分要求的則是方便學生觸及與穩定的平台。

第二節

本校數位學習與遠距教學的環境與現況

本校在數位學習的支援上，整理如表4-1，在疫情之前便有提供非同步的
教學平台—旭聯科技的智慧大師系統（後簡稱eLearn）、Microsoft Teams與支
援同步課程的Adobe Connect系統與課堂互動的Zuvio系統。此外，本校也有
與Google合作，學校的帳號可以使用Google Meet進行基本的同步視訊。以上
這些系統是否要運用於教學中，是由教師自己決定，也因此，並非所有老師都
接受過數位教學的訓練。因此，當本校因疫情宣佈要以遠距方式對境外學生授
課時，本校的因應措施如下：

1. 提供YouTube、Facebook（後簡稱FB）與Zoom授課的工作坊課程、簡
報；

2. 疫情期間設定固定時段，以提供教師遠距課程Q&A服務；

3. 針對中國地域的同學來說，本校有提供雲端桌面（Virtual Desktop
Infrastructure, VDI）方式讓陸生可以在中國使用YouTube或Google設備學
習。

表4-1　世新大學數位學習支援／推薦服務一覽表

支援服務名稱	同步／非同步	優點	缺點	手機直播
Adobe Connect	同步	跨平台、與eLearn平台有連結，符合教育部規範的同步系統	有人數限制（約20人），只有少數老師使用過，老師與同學需要適應	X

支援服務名稱	同步/非同步	優點	缺點	手機直播
Google Meet	同步	跨平台、操作容易、系統相對穩定	互動功能較簡易，教學使用需外掛擴充功能	O
Facebook	同步	跨平台、操作容易、社團功能可設定社群學習類	直播畫質最高只到1280*720像素。	O
YouTube	同步	跨平台、系統穩定、畫質可達1920*1080像素，適合呈現電腦細步操作	要達到1000人訂閱才可以使用手機直播	O
Zoom	同步	跨平台、系統穩定、操作容易	免費版本功能受限	O
Micorsoft Teams	同步/非同步	跨平台、系統穩定	非學校主要非同步系統，老師與同學需要適應	X
Zuvio	同步/非同步	跨平台、操作容易	有檔案限制，題目製作限老師介面	X
eLearn	非同步	跨平台、系統穩定、教務系統連結	介面較舊，手機瀏覽器問題	X

第三章

傳播科技課程遠距課程設計

「傳播科技」課為本校廣播電視電影學系電視組大二的必修課，共2學分，主要探討傳播科技的原理、演變、現況與發展。以下將針對原本授課方式，以及針對疫情所進行的調整、執行狀況進行說明。

第一節

執行課程之簡介

在疫情發展到確定以遠距方式授課時，本校先針對境外生進行調查，此課程同學約70名，其中5名為境外生，分別來自澳門、香港與大陸。也因此，在課程教材、活動平台與工具的規劃上，必須顧及不同區域同學的需求。此外，在疫情期間，曾因台北某學校發生學生感染，因此本校曾執行一個月左右的大班分班授課，也就是開課人數超過40人以上班級需要拆兩班輪流上課，如單週一半同學面授，另一半同學在線上學習，隔週交換。因此，筆者在疫情期間皆是有面授與線上學者同時學習的狀況，而大部分時間是屬於面授同學佔多數。

此班的學生特質為有一定科技使用能力，喜歡實作多於理論，對上台或影音製作具有基本能力。因此，在原本的課程的規劃上，筆者採用鷹架理論（謝州恩，2013; Wood, Bruner, & Ross, 1976）著重課程的討論與讓學生分組針對自己喜歡的傳播科技類型進行探討、分析與上台發表。詳細規劃與疫情修正方式分述如下：

第二節

遠距課程課前準備

在疫情前，課程原本規劃方式是以課堂講課、討論為主，期中為課堂筆試，期末則是分組上台報告加筆試，在上台前各組會先與老師面談確定上台報告內容。原本的課程與遠距的課程在數位工具選擇上的差異，詳如表4-2：

表4-2　傳播科技課程授課方式一覽表

教學規劃	原本授課方式	遠距授課方式	同步／非同步
課堂授課	E化講桌	E化講桌+FB直播	同步／非同步
課堂互動	Zuvio	Zuvio	同步／非同步
學生上台報告	E化講桌加Kahoot	E化講桌、影片錄製（境外生）加Kahoot	同步／非同步
期中／期末筆試	實體教室紙本測驗	實體教室紙本測驗，境外生eLearn線上測驗加VooV Meeting—騰訊會議國際版視訊監考	同步
課外討論	老師教研室	老師教研室，境外生使用VooV Meeting—騰訊會議國際版	同步
教材／作業	eLearn	eLearn	非同步

從上表可以看出，在原本授課模式中，已經為了課堂教材、互動與作業部分運用數位工具。這次疫情來臨，主要增加的是面授課程、期中考試與課外討論的遠距方案。此外，筆者在規劃上盡量採用教師與學生熟悉、免費與易操作的平台，尤其對教師而言，不熟悉的平台會影響課堂節奏的掌控，導致學習失焦。以下針對課堂活動與評量進行說明：

第三節

遠距課程課中實施

在原本授課模式中，課堂授課主要是使用學校的E化講桌，教材會置放在eLearn中的課程平台，授課活動會編排成簡報檔，以投影方式呈現在課堂前面的投影螢幕（如圖4-1）。在疫情時期，則使用FB社群學習社團直播傳送課堂內容，並使用單元方式編排課程（如圖4-2）。筆者主要的考量如下：1.本門課以理論探討為主，教材都可以在eLearn平台上取得，影片畫質與聲音在可接受範圍；2.老師只需要攜帶手機、小角架與行動充電器就可以完成直播；3.搭配FB社群學習社團設定，可以追蹤學生是否有看直播，而社團設定可以在課前完成；4.同學不需額外下載App，降低手機負荷。

在課程實施上，在期中考前以鞏固課程基礎概念為主，同時採用分組討論競賽活動，讓學生熟悉組員同時培養團隊默契，一堂課中大約會安排二次分組討論，並使用Zuvio上傳結果，老師會針對答題內容給予加分獎勵，線上同學也可以藉由Zuvio參與討論與貢獻內容。

圖4-1　課堂使用E化講桌與投影螢幕

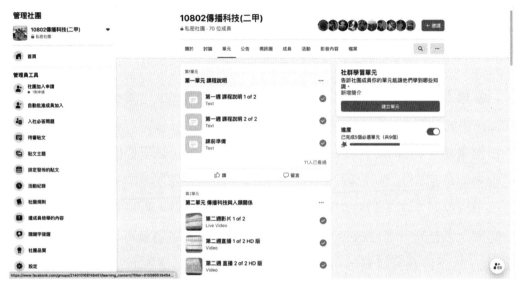

圖4-2　課程FB社團

遠距課程課後評量

　　本課程在評量的設計上包含幾個部分：平時成績（出席率、課堂互動）30%、期中期末筆試（40%）與期末上台報告（30%）。在出席與課堂互動（例如課堂討論與單元測驗）部分，課程規劃採用Zuvio進行（如圖4-3）。針對大班課程，課堂互動採用Zuvio的優點為：1.課堂的節奏比較好掌控，用Zuvio點名時間比較快，它裡面有GPS點名功能，學生也相對比較不會隨便在遠端點名（如圖4-4）；課堂提問部分在Zuvio填答，老師可以同步呈現在螢幕上，進行快速的觀念釐清與加強；2.學生可於課後進入系統復習；3.這套軟體可直接使用Chrome瀏覽器登入，對於學生的手機負擔較小；4.線上的同學也可以在看直播時參與討論。然而，它也有一些狀況需要考量，例如1.設定題目只有老師有權限，以及2.它的刺激度不及Kahoot。

　　學生上台發表部分，也因為是大班課，筆者設定4-5位同學一組，每組30分鐘，一次二小時的課程，連報告後的簡單回饋，最多只能完成三組。也因

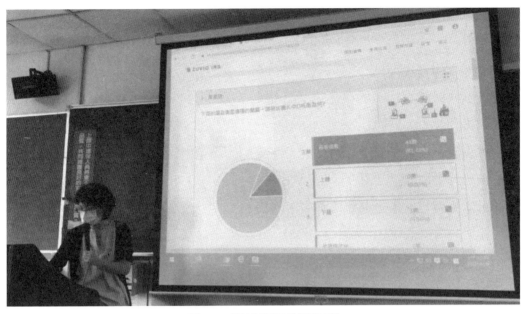

圖4-3　課堂單元測驗討論

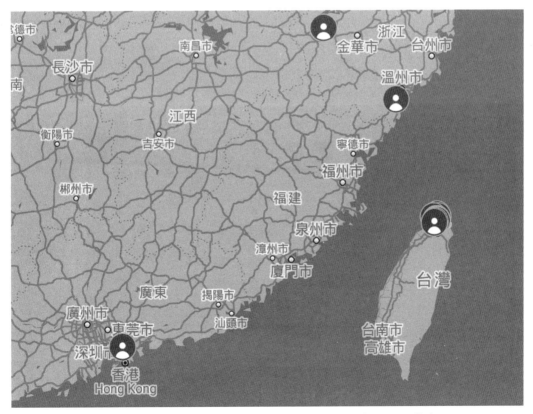

圖4-4　使用Zuvio GPS 點名，在境外的同學也可一同參與

此，一班將近十五組的上台，如何維持課程品質與進度是一件重要的事。事前的規範提供、小組與老師約時間討論、繳交初版並依老師回饋修正，以及在報告最後加入報告重點內容的搶答互動活動，這些規劃可以確保學生所報告的內容是正確並與課程結合，學生對於自己所要報告的內容也會比較有自信。報告後互動採用Kahoot平台（如圖4-5），不但可以炒熱課堂氣氛，聽課的同學專注度也會提升。相對於Zuvio，上台小組可事先在家中製作好題目。境外生為顧及網路品質，他們的上台報告是事先製作成影音版（如圖4-6），Kahoot互動則是事先製作，由老師協助現場播放。

期中與期末的課堂考試部分是相對來說比較勞心的部分，原本是課堂筆試，針對境外生，則另外規劃線上考試在eLearn平台，在考試時要求學生架設攝影機，登入VooV Meeting—騰訊會議國際版，將個人考試畫面上傳到平台直到考試結束，eLearn的考題是可以隨機出題，選擇題部分也會隨機編排，為免境外學生不熟悉線上答題方式，在考試前筆者有先提供線上測驗測試版給學生練習適應。因此，老師在教室監考時，同時使用電腦登入VooV Meeting—騰訊會議國際版平台就可以面授與線上同時監考。採用VooV Meeting—騰訊會議國際版的原因，它是WeChat中搭配的視訊群播平台，陸生不需另外使用

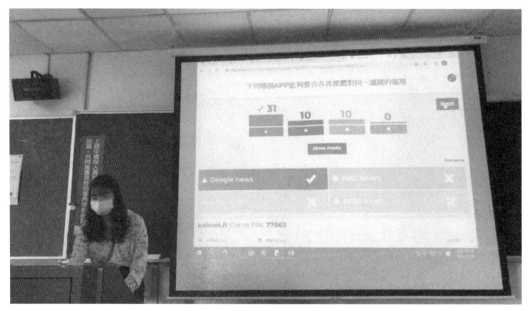

圖4-5　學生上台使用Kahoot製作互動單元

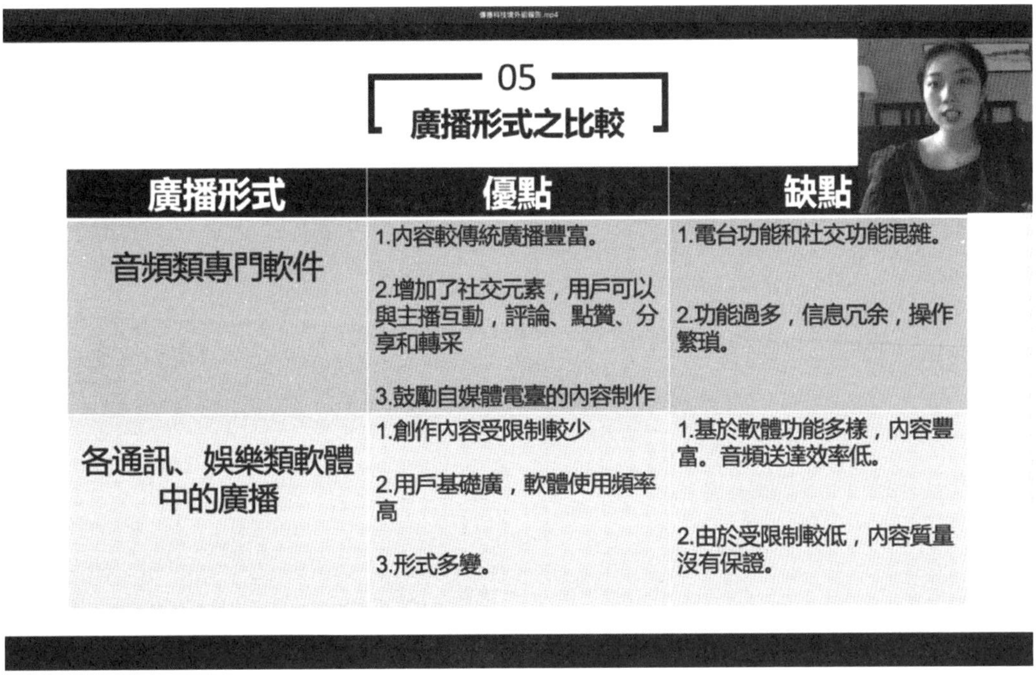

廣播形式	優點	缺點
音頻類專門軟件	1.內容較傳統廣播豐富。 2.增加了社交元素，用戶可以與主播互動，評論、點贊、分享和轉采 3.鼓勵自媒體電臺的內容制作	1.電台功能和社交功能混雜。 2.功能過多，信息冗余，操作繁瑣。
各通訊、娛樂類軟體中的廣播	1.創作內容受限制較少 2.用戶基礎廣，軟體使用頻率高 3.形式多變。	1.基於軟體功能多樣，內容豐富。音頻送達效率低。 2.由於受限制較低，內容質量沒有保證。

圖4-6　境外生報告

VDI，網路品質在考試前已測試過，且所有線上同學都可以接受，因此採用這個平台與境外生進行視訊活動（監考與線上群組討論）。

根據上述課程規劃與針對疫情的調整，在課前準備上，增加的是FB社團的設定，以及期中期末測驗製作線上考試版本。

第四章

執行遠距課程後的心得

　　筆者在疫情之前，曾經取得其他門課的數位課程認證經驗，相對於此次疫情的課程調整所製作的數位課程方案，可以想見在時間上，或是課程是否合適以遠距方式進行等提問都是無法考量的。然而，從資訊融入教學的角度來說，許多線上免費的資源與服務如可以善加運用，對於增進學生學習動機或是提升學習效能都是有可能發生的。以下將針對傳播科技課程在疫情施行期間，教師與學生的感受進行說明。

教師視角

　　筆者在疫情期間，有五門課程同時要進行遠距授課，如前所述，原本筆者在課程規劃上，或多或少都有運用數位工具或免費網路服務融入課程，然而在短時間內要換成5門課符合遠距學習，也是心中忐忑。學校所建議的直播服務，筆者在課前皆有先與境外生討論可行方案與測試，執行初期也曾因境外生所在區域的網路環境不一，影響他們的觀看品質，必須進行調整或提供補救方案（例如與學生溝通的平台從FB Messenger轉換成VooV Meeting－騰訊會議國際版）。但授課過程中，最讓筆者困擾的事是同時照顧線上與面授同學，線上同學的提問很容易被忽略。後來的做法是請班上同學做值日生，幫筆者注意線上同學的回應，並幫筆者把回答回應在直播平台的互動區。另外，應該算是技術問題，FB在直播時偶爾會很難轉換成橫式畫面，導致在設定直播時拖延了授課進度。最後，其實現今可以協助遠距教學的工具與服務不少，除了學校支援外，校外社群支援也是可以增進能力與分享交流的好地方，降低老師單打獨鬥的孤獨感。

第二節

學生視角

　　根據本課程期末半開放式問卷結果，針對疫情授課方式，有同學反應因為課堂上有錄影，他們可以從錄影內容觀察自己上台報告成果，並糾正自己的小習慣，也有許多同學覺得在同學報告後玩Kahoot，可以吸引他們更認真聽報告，也覺得搶答很有趣。境外生同學的反應上，因為平常上課可以先上eLearn平台取得授課內容，搭配FB社群學習社團學習是沒有問題的，然而，長時間看影片上課非常容易分心，也可能大部分同學在教室上課，他們被隔離在外，心情容易受影響。比較需要注意的，反而是教師是否有回應學生的需求，在疫情期間，境外生大多可以理解轉成遠距授課並非常態，如果老師可以協助學生取得學習教材，回應並調整他們可以完成的學習任務，基本上都是可以獲得正向的回應。然而，畢竟疫情期間的授課狀況並非常態，學生可以選擇的話，仍然希望回到教室來學習。

　　筆者同時也針對本校的境外生進行簡單的抽樣問卷，瞭解他們在疫情期間最喜歡與最困擾的授課方式為何。受訪的學生有17人，大學生與研究生的比例為7:3。研究生因為人數少，授課老師通常使用Microsoft Teams或Zoom，也讓學生全部透過線上平台來授課，因全數同學一起在線上學習，老師也比較可以顧及所有學生狀況，是比較受到學生歡迎的學習方式。大學部有些老師會特別私下錄製課程講解影音版給同學，同學搭配講義學習也有得到同學推薦。在困擾的部分，很多人提到是FB直播，然而探查原因以及建議解決方案如下：

表4-3　FB直播的困擾與解決方案對應表

學生對FB直播的困擾	建議解決方案
有些老師請學生直播，畫面品質會依協助學生的位置、是否有角架、手機品質影響其結果	事先測試錄製畫面，並有學生負責監看並協助境外生提問及將老師回答輸入平台
FB直播設定是否可以讓學生回看，是否有依課程週次編排，也會影響到學生對採用FB直播的滿意度	建立FB社群學習社團，並依週次放置內容；

學生對FB直播的困擾	建議解決方案
學生雖可使用VDI設備觀看FB直播，防疫期間學校網路負荷量高，大部分FB直播畫質皆被降到360（640*360 pixels, 30FPS），如果看教室螢幕會比較模糊，板書就更難辨認	提供學生講義搭配觀看直播。或是放棄直播，直接事後上傳課程影片連結給境外生

　　在問卷也發現有趣的事是，雖然筆者會在直播後上傳720（1280*720 pixels）畫質影片在單元中，很多境外生寧可看模糊的直播，也不願事後看較清楚的影片。從問卷中的回應來看，可能是課堂的氛圍在直播時觀看會比較有感，從問卷中，也可以發現有不少同學提及在線上上課的孤獨感。

　　對於什麼是他們在遠距時無法學習的部分，不意外的是機器操作課程或校外參訪等活動。學生們也覺得課堂氛圍也是線上課程無法取代實體課程的部分。

第三節

課後評量

　　本課程的評分方式在疫情期間評分方式維持一致，如前所述，境外生在課程直播時可能因為網路不穩等因素無法上線，因此，筆者以FB社團中記錄的成員活動來了解境外生看課堂影片的狀況（如圖4-7），然而，學生也有可能忘記在觀看完後，按下完成鍵，反之亦然，也因此，其他的評量方式搭配有其必要性。境外生同學除一人外，其餘4人是自行編成一組，與該組的溝通就直接在線上舉行，因此只要選擇大家都可以順暢使用的視訊軟體就沒有問題；在上台部分，如前所述，境外同學會事前製作離線版簡報影片，在互動部分則由筆者代為操作，老師講評部分則會在直播上，事後也會在eLearn作業區有文字版評分與回饋，因此境外同學也可順利完成上台報告。以上台的製作品質來說，境外生同學的作品有達到課堂要求的水準，雖然與其他同學上台所受到的訓練有些不同（影片錄製技術與臨場反應），但是在資料整理與呈現上的訓練一樣有達到標準。

圖4-7　學生在FB社團中課程影片完成度

　　在期中與期末筆試評量上，因為改採線上模式監考，原本擔心可能發生作弊等問題，然而境外學生的考試平均成績並不比課堂授課的同學高，也因為本課程的筆試評量佔學期總分的比重不高，因此狀況還算順利。

　　至於點名的部分，筆者覺得是比較困擾的。畢竟老師很難判定學生缺席是身體問題、網路問題或是被簡訊通知需暫時隔離問題，所以，筆者是採取從寬認定原則，再從其他平時互動、討論或評量來了解學生的學習狀況，讓學生感受到老師持續對他/她學習狀況的關愛，不就是點名的真正意義嗎？

第五章

結論與未來展望

教師專業發展

科技與網路的進步，使得教學相較於以往，有更多可以提升教學娛樂與效果的工具或服務。在疫情期間，也有相當多線上服務提供免費試用，至於哪些服務的搭配可以產生最好的效果，相信課程、學生與地區屬性與教師本身的經驗都會受到影響，然而，筆者認為現今網路的發達，讓非常多達人在線上提供了不少教學分享，這可以幫助教師們不斷精進自己的教學能力，學校單位只要能確保網路頻寬穩定，可以協助不同來源的學生可以順利取得學習資源，可以讓老師與學生溝通無礙，筆者相信會有更多有趣的教學模式或組合出現。

從問卷中也發現，有些課程的確是遠距課程比較難執行的，例如昂貴器材的操作練習，在防疫期間是否有取代方案？老師是否可以在沒有學校支援下順利拍攝影片上傳？從學生的反應中，可以發現許多老師對於如何直播與如何追蹤學生學習成果仍有成長的空間，這次疫情也許也提醒了學校行政單位與老師們，線上課程訓練與分享有其必要性。

第二節

學生學習

筆者使用修正版的翻轉教室學習者準備度量表檢測本系學生對於遠距課程的準備狀況，該表融合余美雪（2015）與美國翻轉學習網絡聯盟所發展的四大柱量表（Flipped Learning Network, 2014）內容，包含五個構面（主動學習、

彈性環境、認同感、課程規劃與設計、自我調整學習），樣本數為168人，構面信度從0.89-0.95，學生最滿意的是課程規劃與設計構面（構面平均=4），代表學生最滿意的部分是老師依學生的學習狀況，規劃或推薦課程資源，最弱的部分是學生的自主學習部分（構面平均=3.54）。也因此，如何促進學生主動學習線上課程或資源是需要努力的方向。尤其近年來科技的發展，線上娛樂主導著使用者的眼球，要學生們不分心並專注在學習上相形困難。從上述資料可以發現，學生在線上學習要有更清楚的指引，老師對於學生的狀況需能掌握與調整，學生較可能順利完成學習任務。

第三節

教學內容

　　經由這次防疫期間的授課經驗，可以發現直播雖然不難，但是要符合學習品質與進行品質管控，老師們仍需不斷精進學習。此外，在授課期間了解學生的需求以及持續與學生溝通，讓學習品質符合兩邊的需求，也讓學生了解教師對學生學習成效的關心，讓回饋不只出現在期末，相信老師們的課程會愈來愈精進，也符合學生們的需求！

第五篇

雲端上的日文微課程

羅素娟

後疫情時代的來臨，世界各國的教育面對新冠肺炎的衝擊，紛紛鼓勵教師進行遠距教學。然而，遠距教學對於外語教師而言，會是一個怎樣的挑戰呢？如何將遠距教學順利地導入外語教育？或如何運用遠距教學有效地提升外語學習？基於以上問題，筆者試圖從外語教學的角度，探討外語教學中實施遠距教學的模式及其優缺點，並藉由回顧過去教學與輔導歷程與教育資訊科技的演變，以一門實施非同步遠距教學初級日文課程為例，分享相關經驗，並思考教師如何因應時代鉅變，有效地進行遠距教學。

第一章

前　言

　　1980年代以來，網際網路的興起開始改變了人與人之間的溝通習慣，人類社會從此由講究機械規格的工業化社會，進入了知識爆炸的資訊時代。網路世界縮短了你我的距離，改變了人與世界的關係。過去行萬里路讀萬卷書，現在只要一指就能遨遊世界，不受時空的影響。人的移動力不需要實際身體力行，一部電腦或是一隻手機，透過網際網路，世界在你我的指間，手指即可掌握世界的脈動，知識是雲，知識是跟斗雲，翻轉時間與空間，開啟世界的任意門。我們在網路的世界裡，資訊互通、資訊互享，而另一方面，資訊也如行雲流水般地匯集資料庫於各種雲端平台，只要你願意都能開創一個屬於你自己的雲端世界。

　　而這樣的功能運用在教學上，則為教師與學生開闢了一個虛擬的教學場域，一個無實體場域，卻真實存在的虛擬教室。我們可以不受時空限制開設線上課程，打破學校的教學場域，連結各式各樣教學空間，形成知識的網路資料庫。

　　身處於這樣時代的教師，我們不禁感嘆「這是一個最好的時代，也是一個最壞的時代」。好的部分是，我們可以擁有更多雲端的工具去輔佐課程，進行有效幫助學生提升學習成效。學生也可以自由搜尋自己想知道的訊息，不一定要到學校上課。但壞的部份是教師與學生的教學與學習，可以無時無刻存在，教師需要十八般武藝，除了滿腹專業學問，還須熟悉各種實體教學的技術，也需要懂得虛擬教室裡的各種教學工具與在網路世界互動的溝通技能，才能夠滿足這個時代的學生需求。

　　尤其今年開始，世界各國因應新冠肺炎，為了預防群聚感染，各個學校都紛紛停課或是改成遠距教學，這對於絕大部分的老師和學生而言，這又是一個新的挑戰，遠距教學成為世界各國各級學校的當紅話題。如何不出門也能進行

課堂教學呢？對於後疫情時代的教育單位或是教師、學生而言，這個問題都有其值得探討的議題。

　　本章節，從外語教學的角度，探討外語教學中實施遠距教學的模式及其優缺點，並藉由回顧過去課後教學輔導的通訊科技的演變，以一門實施非同步遠距教學初級日文課程為例，分享相關經驗，並思考未來如何因應時代需求，利用網路有效地進行日文的遠距教學。

做交流的時候，這會是一個非常好的替代方式。

　　第四種「教師與學習者的連結」，這樣的模式可以支援各種不同學習者的學習需求，幫助學習者達到學習的目標。如果外語教學可以獲得目標語言國家的母語人士的協助，例如日籍的日語教師志工，協助台灣的大學生進行日語會話練習或日語寫作的修改等，這對於在台灣的日語學習者而言會是一大助益。

第三節

日本的數位學習與遠距教學的環境與現況

　　日本當地對於數位學習遠距教學的推廣也是不遺餘力，根據日本的「新學習指導要領」的內容，「情報活用能力」與「語言能力」「問題發現解決能力」都被視為是同樣重要的，都屬於是基本資質、能力的學習。因此，日本文部省從2018年開始推動「ICT教育環境整備五年計劃（2018～2020年）」，希望藉此改善日本各級學校的數位教學設備與環境，提升教師與學習者的數位能力。推動該計畫的其中一個迫切需要的主要因素，那就是因為日本的高齡少子化嚴重發展，造成日本城市與偏鄉的人口結構與資源分布差距十分嚴重，對於一些偏鄉地區而言，極度缺少足夠的師資，為了平衡城鄉學生之間的學習差異，提升偏鄉地區學生的學習品質，更需要導入相關的數位設備，積極培養數位教學的師資，推廣數位教學的學習。

　　事實上，不只用於偏鄉地區，過去日本文部省也針對一些針對日本國內外大學實施遠距教學的案例進行調查，例如長崎縣教育委員會所提出的「使用遠距教學方式與國內外大學等進行課程合作之成效分析」（2018）報告中指出，參與學生的問卷顯示，有61%認為對於一些專業度較高的課程而言，有實施遠距教學的學校比沒有實施的學校更具吸引力，有63%的學生認同有實施遠距教學的課程跟沒有實施遠距教學的課程相比，有實施遠距教學的課程對自己的幫助較大。由此可知，遠距教學對於高等教育的未來發展而言，絕對有其正向助益的。

　　這對於同樣步入高齡少子化的台灣而言，其實也有其他山之石可以攻錯的

參考價值。台灣本身島嶼面積小,在數位網路的普及上,號稱世界前幾名,屬於網路建構較為完整的國家,各種數位教育的普及率也比日本高一些。不過,可惜的是目前真正進行遠距教學的教師其實並不多,只限於一般學校教育中的數位教學單位或是數位能力較好的老師。但在未來的後疫情時代,遠距教學有其必要性與需求性,倘若未來有更多教師投入這方面的學習與研究,相信對於學習者「情報的活用能力」、「外語能力」的培養,一定會有相當的助益。

第三章

日語教學的遠距課程設計 —— 以非同步遠距教學爲例

第一節

遠距課程的科技演進

隨著資訊科技與通訊技術的突飛猛進，網路確實改變了我們的生活，也改變了我們的教學現場。回顧筆者過去的教學經驗，為了輔導學生提升學生的學習興趣，筆者曾經建立部落格，與學生互動，進行課後輔導。也設立教學網站整合教學教材，提供學生相互觀摩參考。

圖5-1　日文教學部落格

其中，筆者在政大兼課時，也曾經以日文部落格方式進行創新教學，以一門日文作文課，要求每位學生設立自己專屬的日文寫作部落格，然後將大家的部落格彙整成一個專門探討跨文化問題的寫作部落格，課後提供跨文化相關日文文章，也將刊登修改後的學生優秀作文，提供同學互相觀摩，該部落格曾經吸引國內外的日語學習者不少迴響，也讓學生非常有成就感。

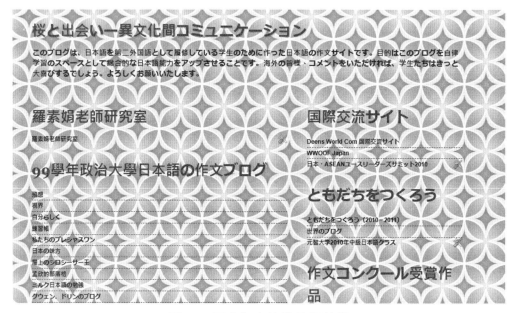

圖5-2　日文作文的教學部落格

不過，當Facebook、Line等社交通訊軟體的興起，再度改變了我們的通訊習慣，部落格便漸漸沒落了，取而代之的是Google資訊瀏覽器。此外，近年來影音教材因為趣味性大受歡迎，以及電子書、雲端共享等科技興起，又開始改變了教師與學生的教學與學習型態，虛擬教室儼然形成。筆者發現：「原來隨著時代的進步，每一種線上輔導工具都有他的一個發展限度，特別是隨著學生使用習慣的改變，教師也必須隨之改變。」從過去的部落格，到後來的FB，到現在大家普遍所使用的Line，Line群組是每學期必定要開的聯絡網，經營社群也成為了教學的一部分。

此外，自從新冠肺炎發生後，遠距教學又進入另一個里程碑，學校開始推動Moodle非同步教學以及Teams、Zoom、Google Meet等線上會議式的同步遠

距教學模式。所有的教育現場的教師與學生又開始面臨到這些新通訊科技的教學挑戰。這對於過去較少接觸數位科技的外語教師而言，確實是一大挑戰，但在後疫情時代，這些數位工具的知識都是必要的。

以下，筆者以108-2學期一門初級日文的課程進行非同步遠距教學的實施情況與成果，以及Teams同步遠距教學的經驗，進行心得分享。

第二節

執行課程之簡介

「大學外文日文（二）」這門課主要是本校第二外語日文課的第二學期課程，學習進度屬於初級階段的日文課程，選修日文的學生主要是日間部四技一年級的新生，絕大部分都是初次學習日文的學習者。由於本校大學外國語文政策是讓大一學生自由選擇英文或日文，但日文開班數目有限。分析學生選擇日文修課的原因，除了本身對日文感興趣的學生外，也有許多學生是因為過去英語學的不夠好，希望能夠重新學習一個新的外語的學生，再加上日本一直是學生嚮往喜歡的國家，日文的學習有助學生未來的留學或就業。基於以上理由，雖然是初級學習者，但在學習動機上都是屬於高學習動機者。

筆者所授課的班級主要是以設計學院的學生為主，學生程度不錯，但是由於設計課的作業非常繁重，有些學生會有熬夜做作品導致早上無法來上課的情況。依照過去的傳統教學方式，比較難為這些同學特別開設補救課程，但是有了非同步遠距教學，就可以利用不受時間、空間限制的優點，進行課後的諮詢與輔導。

第三節

遠距課程課前準備

依照本校非同步遠距教學實施辦法，執行非同步遠距教學的教師必須通過學校的數位認證，才能具有開課的資格。依照規定，第一次開課最多只能開設

二至三週。實施遠距教學的當週，學生及教師是可以不用到校的。這點恰好符合後疫情時代的需求。

　　本校非同步遠距教學的使用平台主要是以Moodle為主，過去筆者也會使用Moodle，不過多半只當作上傳教材及提供學生繳交作業的運用，這次是實際操作非同步遠距教材的製作，必須要做較多的事前準備工作。要先製作scorm影音課程包，將它上傳Moodle，才能進行非同步遠距教學。

　　課前的準備工作大致如下：

　　首先，筆者先針對該學期的課程內容進行課程設計與規劃，規劃三次非同步遠距教學的課程目標及時間，分別安排在期中考前，當作考前複習，其次，期中考後，進行較難課程的加強學習，以及期末課外閱讀的補充教材的學習。

　　第二步驟，製作scorm影音教材包。筆者使用的軟體是Camtasia Studio軟體，先針對三次不同的課程目標製作教材PPT，並且把辦公室內的電腦安裝Camtasia Studio軟體，設定好麥克風及適當聲量，然後挑選一個良辰吉時不被打擾的時間進行影片錄製。錄製好的影片發佈成scorm教材包，上傳Moodle教材區提供學生點閱。

圖5-3　利用Camtasia Studio軟體錄製影音檔

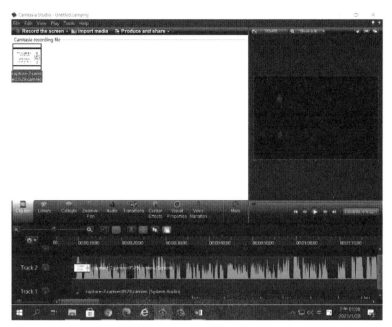

圖5-4　後製剪輯──將錄製好影音檔拉入系統並發布scorm教材包

第三步驟，設計相關小考題或問答讓學生來上課時回答以確認是否有練習。

第四步驟，課堂上通知學生在當週必須上Moodle點選教材做練習。也設立 Line群組，方便學生做即時聯絡。

第四節

遠距課程課中實施

第一次的遠距教學時間安排在期中考前，筆者將期中考的考試重點融入教材中，也進行考題的練習與檢討。為了增加學生的點閱動機，告訴同學期中考的部分考題範例會在教材中出現，同學會較認真學習。

第二次的教材包以較難的文法主題製作學習教材，教學目標除了了解困難文法之外，更希望加強學生日語文字與發音的連結，雖然是教師自己錄製的獨腳戲，但也設定一些情境問題，設計成彷彿教師與學生有進行問答的方式，增加影片內容的趣味度。

　　第三次的教材則介紹一位日本有名的童話作家金子みすゞ的兩首詩，由於詩的作品年代已無版權問題，但詩的意境的發人省思，符合認知及技能的教育目標要求，非常適合做為學生研讀。此外，為了呈現詩的意境，簡報部分，筆者採用了繪本風格編輯，並增加背景音樂及Youtube的歌曲影片，增加日文詩欣賞的情意，模仿播音員的感性聲音錄製教材。三次的影音教材內容呈現方式皆不同於一般實體課程的教學模式的教材。以下是日文詩的PPT。

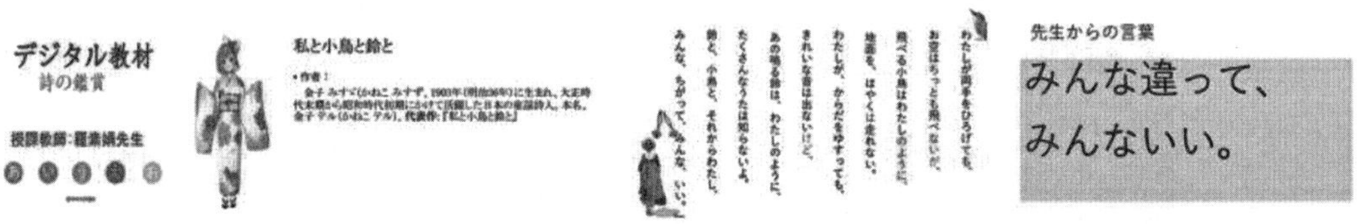

圖5-5　第一首詩「私と小鳥と鈴と」

圖5-6　第二首詩「さびしいとき」

　　在課後評量部分，由於Moodle的scorm教材包的點閱都會有點閱記錄的，可以提供教師瞭解學生點閱的狀況，為了鼓勵學生及掌握學生是否上網點閱，筆者會將他列入是否出席及加分的依據，因為筆者的學校規定實施遠距教學當週可以不用到校上課。

　　依照上學期Moodle的使用紀錄圖表報告，學生幾乎都會依照規定進行scorm教材包的點閱。

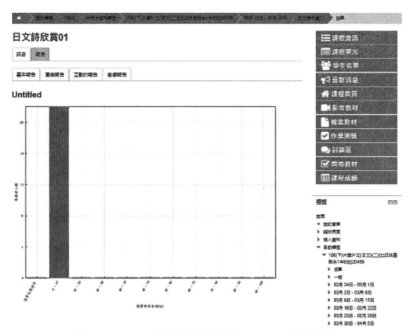

圖5-7　scorm教材包使用率的Moodle圖表報告

第四章

執行遠距課程後的心得

第一節

教師視角

　　筆者所任教學校設有數位學習中心，附屬在教務處的行政系統之下，主要負責發展適性、適用數位化教材，提升教師多元資訊能力，培養學生資訊自學能力，以及建置數位化學習環境。數位學習中心設有主任一名，兩位專屬職員。數位教學中心經常會安排各種數位科技的教學研習課程，提供學校教師進修數位科技能力。中心內設有兩間錄音間及一個攝影棚。幫助教師製作數位教材。

　　過去在疫情發生之前，學校對於數位教學多採取鼓勵性質，設有數位教材獎助，鼓勵教師開發數位教材。以往每年提出獎助申請者多屬於數位科技專長教師以及少數對數位教材有興趣的老師。不過。這次受到疫情的影響，筆者發現不只是自己，包括周遭的同仁也開始對於如何進行遠距教學產生興趣，並開始研究遠距教學。

　　108-2筆者毅然加入同步遠距教學，目的除了減少實體課程的互相接觸，在設計製作教材時，也考量到希望幫助學生自我學習、進行複習、提高熟練度以及深化語文學習，進而能夠賞析日本文學作品。執行一學期後，發現這樣的教學模式對於學習成就高的學生而言，確實能滿足他們的學習欲望，對於學習成就低的學生也能提供反覆練習的機會，是有助外語學習的。

　　另外，在疫情嚴重時期，除了非同步遠距教學，同步遠距教學部分更是被積極提倡。尤其擔心萬一有學生確診，全校必須停課的話，課程該如何進行的問題，於是學校推動多項的應變措施，包括為全校所有班級及教師開設微軟的Teams課程，並規定全校老師都要學習使用。Teams課程原本是用於遠距會

議，入門不難，不過實際使用，如果想要有良好的教學品質，筆者認為同步遠距教學要比非同步遠距教學複雜更多，在課堂管理及教學活動的進行需要更多的教學技巧及課程設計技巧。

在疫情期間，本校設有同步教學日，當天所有課程都必須使用Teams，由於師生都必須上線，記得全校第一次檢測時，雖然師生都成功上線，但課堂的教學效果其實並不夠理想，例如：課前數位環境的建立、桌機電腦是否有加鏡頭、鏡頭的調整、麥克風的調整、網路的穩定與否等等；課堂中除了授課，也必須確認學生是否有上網，學生是否有在聽課或是有沒有在做其他事等等問題，這些技巧都需要事前熟練。

有鑑於那次的經驗，筆者認為教師需要兩套操作手冊：

一、上網操作手冊：包括學會操作(1)上線的配備安裝、(2)上傳教材、(3)錄製課程、(4)上傳課程等操作步驟。

二、課堂進行手冊：指導教師應付線上各種狀況的處理方法。例如：

1. 上網開課之後先關掉學生的麥克風，以免上課時有許多雜音。

2. 打開聊天室，先發一個簡單訊息，請學生在聊天室內回覆，可以確認學生是否都上網。

3. 進入課程後，中間得穿插點名，或是問問題，讓學生專注內容。

4. 利用白板可以和學生一起畫重點或互動。

5. 下課時記得請學生離開聊天室。

總之，注意事項應該不只這些，不勝枚舉。特別是學生多是手機上網，網路有沒有吃到飽，有沒有辦法因應遠距教學的上網時間，筆者認為學生也應該有遠距教學的上課手冊，教導學生如何依照指示進入會議，一起進行遠距學習。事實上，只有師生雙方都能夠妥善運用，同步遠距教學才有辦法真正成功。所謂一回生二回熟，面對未來的後疫情時代，不管是同步或是非同步教學，相信都是未來教學中值得開發的教學領域。

第二節

學生視角

在108-2實施非同步遠距教學的成果,也訪問一些參與的學生,了解其學習狀況,反映意見多半是正面為多。如下:

「非同步遠距教學可以幫助他們反覆聽解課堂上一些比較不了解的部分,有助於學習。」

「非同步遠距教學的教材內容很有趣。」

「非同步遠距教學的影音教材,手機可以觀看非常方便。」

「不限於教室,可以在任何地方學習。」

不過,也有一些建議:

「即使看完也不知道自己是否有達成完成的紀錄。」

「不習慣線上,感覺不像上課。」

另外,根據上學期期末的教學評量,兩班分別總平均分別是4.39及4.31,其中,學校的期末教學評量問卷題目中,也有針對實施非同步遠距教學部分設定題目,以下針對非同步遠距的問題及評分進行分析如表5-1:

本校的教學評量,採五級分,選項:(1)非常不同意;(2)不同意;(3)普通;(4)同意;(5)非常同意。

表5-1 實施非同步遠距教學的滿意度調查

問卷題目	室設1B 教學評量 總平均 4.39	數媒1A 教學評量 總平均 4.31
題目2:在採非同步遠距教學時,你會依老師指定的時間隨時上線學習?	4.43	4.30
題目3:老師錄製或選用的線上教材或媒體影片難易適中?	4.38	4.30
題目11:老師運用非同步遠距教學媒體教材內容非常熟練且更能幫助教學成效?	4.36	4.33
題目14:我樂於介紹其他同學修習非同步遠距教學課程	4.4.	4.37

　　尤其題目14，兩班學生都樂於介紹給其他同學修習，分數都比總平均分數高，由此，我們也能推論學生應該是認同非同步遠距教學的學習，所以他們才會願意將這樣的課程介紹給其他同學。

第五章

結論與未來展望

第一節

教師專業發展

由上述內容，我們不難想像隨著時代的進步，未來的數位科技將更加日新月異，教師要學習的技能也越來越多，特別是沒有數位背景的教師更需要學校提供更多新的研習課程及提供免費的軟體。

尤其外語教學本身就是跨越國境，如果能建構一個貼近自然語言學習環境的外語環境，對學習外語的人是絕對有所助益的。這一點，遠距教學就具備這樣的優點。過去筆者只嘗試過非同步遠距教學，採取「教師對學習者」的教學模式，進行日語課程，但是對於日語學習者而言，如果能夠為他們開設更多實際練習日語的情境，對於日語的學習必然是有所幫助。未來筆者希望與海外日語專家協同合作開設課程，也希望有機會讓台灣日語學習者能夠和日語母語者進行相互觀摩彼此的優點，進行跨文化的學習與溝通。

面對遠距教學浪潮，身為教師的我們，深深期盼教學環境中能有更多數位資源的設備，教師若能擁有更多方便的數位教學製作工具，對於遠距教學發展的優質化一定會有助益，所謂『工欲善其事，必先利其器』。有建構完整、使用方便的良好的平台，對於數位能力較弱的教師會更容易入門上手。

其次，若學校或教育部能夠加深推廣遠距教學的技能研習，或是多多舉辦相關經驗分享的教學交流會，必定能提升教師的數位技能。例如本校最近成立了數位教學發展LINE群組，就是一個很好的共學團體，針對教師的需求舉辦研習，令人收穫不少。

第二節

學生學習

目前12年國教的計劃中數位行動學習已經是教育部推展的方向之一。相信未來的學生進入大學之後,對於數位學習的能力一定比現在更加的熟練。而對於現在的學生也應該多加鼓勵他們多學習數位科技,以因應未來世界的改變。面對未來世界的挑戰,自我學習能力其實是非常重要的。

尤其進入互聯網時代,知識不再是單一知識,如何在網路的世界裡,自我學習、發現問題、找出解決問題的知識、創造知識,這些都是未來學生應該要能夠學習的部分,透過遠距教學能夠連結到國外的人、事、物,有助於幫助學生開拓視野。

以日語的學習而言,必須要經常浸潤在日語的使用環境之中,習慣日語的語言環境,聽說讀寫的能力自然就會日益進步。學生若能夠用積極的態度學習,參加外國的線上課程或是遠距日語會話練習或是專業指導,就能達成不出國也能進修的目的。

要幫助學生提升遠距的學習成效,除了以上述誘因鼓勵學生之外,教師本身若能強化數位能力,將有助於課堂上教導學生進行遠距學習,另外,學校可以針對某些技能開設工作坊,讓有興趣的學生參加或培訓教學助理協助教師及學生,遠距教學要成功一定要師生都具有技能才能圓滿進行。

第三節

結語

時代日新月異的進步,身為教師的我們也在不斷地學習,也許過程就像夸父追日一般,永遠沒有盡頭,但是幫助學生達到有意義的學習,提升他們的能力,創造美好的未來。這應該是每一個老師進行教學精進的初衷。日語的遠距教學在日本語教育的發展之中,屬於起步階段,真正從事這方面研究的人實際並不多。不過,隨著時代的進步,相信不久的未來隨著數位教學及遠距教學資

訊發展，日語教育應該會有另一番新的發展，拭目以待。

　　遠距教學可以幫我們連結台灣與日本，台灣與世界。是未來教育中最具發展性的教育領域。

第六篇

工程領域科普課程雲端教學初體驗

柴昌維

第一章

前　言

　　因應新型冠狀病毒疫情影響，學校要求教師在課堂上應用遠距教學軟體進行教學，雖然台灣的疫情在控制之中，沒有達到全面停課的狀況，學校還是要求教師進行遠距教學模擬。在這樣的情況下，屬於工程教學領域的師生也開始大量使用遠距教學軟體應用在課程教學上。除了大學課程的教學外，在專題計畫執行、國際研討會論文發表與競賽辦理上，也因為疫情的影響必須調整執行的方式，因此，在競賽辦理上產生了線上競賽與評審的新模式；在國際研討會論文發表上新增了遠距同步論文發表的模式，執行科技部計畫時，邀請合作廠商一同進行雲端線上偏鄉教學，在教學的過程中，為避免線上志工服務人員與被服務的偏鄉中小學生健康受到威脅，開始使用遠距教學軟體來進行遠距教學。以下相關章節內容分別針對大學工程領域及通識課程教學、雲端線上競賽與評審辦理模式、國際研討會論文發表、科技部計畫執行偏鄉遠距教學等部分進行介紹。

第二章

遠距教學模式

遠距教學軟體比較

遠距教學軟體包含ZOOM、Microsoft Teams、LINE、Webex、Google Meet、Jistsi、BigBlueButt on、Skype Meet Now等軟體，相關軟體的功能與優缺點經由電腦玩物：esor huang異塵行者整理如下表6-1：

表6-1　網路遠距教學軟體功能與優缺點比較表（電腦玩物：esor huang異塵行者）

	Microsoft Teams	Google Meet	Webex	Jitsi	BigBlueButt on	Skype Meet Now	LINE	Zoom
版本	免費版	G Suite	免費版	免費版	免費版	免費版	免費版	免費版
人數	250人	250 / 原100人	100 / 原50人	75人	50人為佳	無限制	200人	100 / 原10人
時間	無限制	無限制	無限制 / 原40分鐘	無限制	無限制	無限制	無限制	40分鐘
發起者	需帳號	需帳號	需帳號	免帳號軟體	需帳號	免帳號軟體	需帳號	需帳號
加入者	免帳號軟體	免帳號軟體	免帳號軟體	免帳號軟體	免帳號軟體	免帳號軟體	需帳號軟體	免帳號、裝軟體
加入權限	網址直接加入	主持人接受	密碼、主持人接受	密碼	密碼、主持人接受	網址直接加入	先加入群組	密碼

	Microsoft Teams	Google Meet	Webex	Jitsi	BigBlueButton	Skype Meet Now	LINE	Zoom
固定視訊網址	無	無	有，也可彈性	無	有	有（相對不安全）	先加入群組	有，也可彈性
行事曆預約	付費版功能	Google日曆	外掛	外掛	外掛	無	無	外掛
主持人	由發起者設定	發起者	主持、主講人	任何人	發起者	發起者	無	可設定
控制大家焦點	無	無	主持人釘選	跟隨主持人	無	無	無	主持人
靜音他人	主持人	主持人	主持人	任何人	主持人	無	無	主持人
關掉他人視訊	無	無	主持人	無	主持人	無	無	主持人
踢出他人	主持人	主持人	主持人	任何人	主持人	無	無	主持人
共享畫面	一次一人	一次一人	一次一人	多人可同時共享（看網路速度）	一次一人	一次一人	一次一人	一次一人

中國文化大學規定全校採用Microsoft Teams作為遠距教學的平台，所以，以下工程科普課程雲端教學、遠距競賽辦理、計畫執行與國際研討會論文遠距發表的環境就以Microsoft Teams的操作為範例進行教學示範。

第二節

遠距教學相關研究計畫

經搜尋科技部專題研究計畫100年至109年間，取關鍵字「遠距教學」進行搜尋，發現科技部歷年核定遠距教學相關之專題研究計畫共8件，表列如下表6-2：

表6-2　科技部100-109年核定與遠距教學相關計畫列表

年度	主持人	執行機關	計畫名稱
108	姜忠信	國立政治大學心理學系	自閉症幼童的家長訓練方案：以遠距教學模式來訓練社交溝通能力
106	薛欣怡	文藻外語大學德國語文系（科）	德國高等教育遠距教學發展模式研究及其對我國的啓示
105	曾俊傑	國立臺灣師範大學英語學系（所）	發展職前英語教師的科技教學學科知識：以偏鄉遠距教學為例
104	鄭其嘉	輔仁大學學校財團法人輔仁大學公共衛生學系	以線上學伴遠距教學進行偏鄉原住民青少年性騷擾防制教育之成效研究（A05）
104	陳狄成	國立彰化師範大學工業教育與技術學系暨研究所	產業導向3D列印技術應用於技職校院雲端數位學習模具技術課程教材開發暨遠距教學能力指標之建構與驗證（II）
102	鄭琇仁	國立高雄師範大學華語文教學研究所	TPACK師資培訓成效之研究：以學生教師遠距教學知能與學生口語學習為例
102	陳狄成	國立彰化師範大學工業教育與技術學系暨研究所	產業導向3D列印技術應用於技職校院雲端數位學習模具技術課程教材開發暨遠距教學能力指標之建構與驗證（深耕技職教育與工程教育之實務研究計畫）
100	陳鎮洲	國立政治大學經濟學系	遠距教學、學習型態、同儕效果、以及課業表現

經查詢科技部專題計畫系統，發現除了國立彰化師範大學工業教育與技術學系暨研究所陳狄成教授，針對「產業導向3D列印技術應用於技職校院雲端數位學習模具技術課程教材開發暨遠距教學能力指標之建構與驗證」，於102、104年執行兩年計畫外，期間並無針對工程相關教育之遠距教學研究計畫。

科技部專題計畫查詢後發現，除了國立臺灣師範大學英語學系（所）曾俊傑教授於105年執行發展職前英語教師的科技教學學科知識：以偏鄉遠距教學為例之專題研究計畫外，期間並無其他針對偏鄉遠距教學之研究計畫執行。

科技部專題計畫查詢後發現，除了輔仁大學學校財團法人輔仁大學公共衛生學系鄭其嘉教授於104年執行「以線上學伴遠距教學進行偏鄉原住民青少年性騷擾防制教育之成效研究 (A05)」計畫外，期間無其他針對原住民青少年進行遠距教學之研究。

另外，再搜尋科技部專題研究計畫100年至109年間，取關鍵字「遠距、競賽」進行搜尋，發現科技部歷年來並無核定遠距模式進行線上競賽相關之專題研究計畫。

搜尋科技部專題研究計畫100至109年間，取關鍵字「偏鄉、競賽」進行搜尋，發現科技部歷年核定遠距教學相關之專題研究計畫共8件，表列如下表6-3：

表6-3　科技部100-109年核定與偏鄉競賽相關計畫列表

年度	主持人	執行機關	計畫名稱
109	柴昌維	中國文化大學機械工程學系	科普活動：拔尖扶弱國際AI機器人競賽偏鄉原住民部落種子人才培育科普推廣計畫（主題二）
109	王裕宏	國立科學工藝博物館科技教育組	科普活動：推動偏鄉學校飛行科學社團暨全國手擲機飛行競賽（主題一）
109	羅淑芬	慈濟學校財團法人慈濟大學護理學系（含碩士班）	科普活動：玩科學、瘋科學、愛科學：東部偏鄉原鄉推廣跨齡合作STEAM Maker與創意競賽萌芽計畫科學營（主題一）
105	梁燕祝	空軍軍官學校航空太空工程學系	科普活動：偏鄉航太科學營/大專無人飛機設計競賽

年度	主持人	執行機關	計畫名稱
105	傅麗玉	國立清華大學師資培育中心	科普活動：原住民雲端科展—發現部落的自然科學智慧（III）
104	江志煌	空軍航空技術學院一般學科部飛機工程系	科普活動：偏鄉地區中學生航空科學教育推廣與飛行競賽活動
103	傅麗玉	國立清華大學師資培育中心	科普活動：原住民雲端科展—發現部落的自然科學智慧（II）
102	傅麗玉	國立清華大學師資培育中心	科普活動：原住民雲端科展—發現部落的自然科學智慧

　　結合上述各研究回顧可知，除了筆者進行之研究外，目前並無針對偏鄉遠距科普教學、工程科普遠距教學、線上遠距競賽等之研究方向，所以，本文針對工程科普教學、偏鄉原住民進行遠距教學課程、線上競賽等進行經驗分享。

第三章

工程科普課程遠距教學體驗

　　配合學校因應疫情影響，推動課程以Microsoft Teams為工具的同步教學平台於108學年度第2學期開始在系統上開設5門遠距課程、109學年度第1學期繼續在系統上開設5門遠距課程，如下表6-4所示。

表6-4　筆者於1082-1091學期開授網路同步教學課程列表

學期	學生別	開課名稱	選課人數	開課類別
1082	研究所	人機互動設計	4	科技藝術碩士學位學程課程
1082	大學部	自然通識：科技發展與人物（02）	67	自然通識課程
1082	大學部	跨域自然：專利賞析	33	創客自造課程
1082	大學部	原住民傳統智慧創作與保護II	21	法學院課程
1082	大學部	Arduino設計藝術	29	藝術學院程式教育課程
1091	研究所	光機電工程學	4	機電所課程
1091	大學部	自然通識：科技發展與人物(05)	68	自然通識課程
1091	大學部	自然通識：科技發展與人物(06)	57	自然通識課程
1091	大學部	跨域人文：科技藝術發展概論	45	跨領域課程
1091	大學部	用樂高玩機器人	57	藝術學院程式教育課程

　　在Microsoft Teams平台上顯示的遠距教學課程總列表，如圖6-1所示：

圖6-1　透過Microsoft Teams進行遠距教學課程總列表

（資料來源：中國文化大學Microsoft Teams平台）

　　108學年度第2學期的課程有許多外籍生無法到學校上課，導致學校要求老師透過Microsoft Teams線上教學的方式，提供學生學習的平台，下圖6-2為學生加入Microsoft Teams平台的情形：

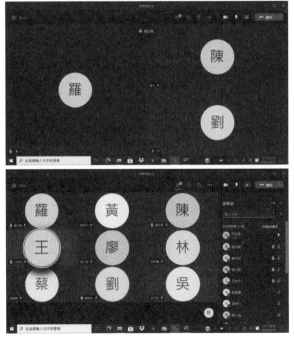

圖6-2　學生加入Microsoft Teams平台進行遠距教學之畫面（上圖為剛開始學生加入的
　　　　畫面、下圖為上課以後的畫面）

（資料來源：中國文化大學Microsoft Teams平台）

　　不同上課時段會有不同的學生加入，參與課程教學與討論，但學生在線上學習的成效不容易掌握狀況，授課教師在上課的同時，必須分出注意力關心網路學習學生的出席狀況。

　　此外，教學過程中偶有網路中斷的情形，為目前進行線上同步教學困擾，網路中斷以後就沒辦法掌握學生上線學習的狀況，需要提供較為穩定的網路學習環境才能改善，如下圖6-3。

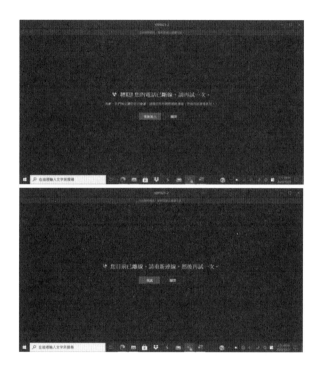

圖6-3　學校網路斷線，無法連上Microsoft Teams平台進行遠距教學之畫面（上圖為上課中突然斷線畫面、中圖為Teams平台建議重新連線畫面）

（資料來源：中國文化大學Microsoft Teams平台）

　　上課過程中偶有網路不穩的情形，若要全面推行網路同步教學，網路的穩定性需要納入考量，否則當全校都進行同步遠距教學時，網路會超過負荷而無法有效連線。

　　此外，學生到課堂中還無法完全適應Microsoft Teams平台操作也是一個問題，同學在課堂上常常告訴老師說無法連上Microsoft Teams平台，有的同學卻又可以連上Microsoft Teams平台，老師就無法有效進行課程點名的動作。

　　為了讓不太熟悉如何正確登入Microsoft Teams系統的同學能有效率的學習，筆者請班上比較熟悉網路學習操作的同學針對登入的步驟製作操作流程圖片、影片，提供給無法正常登入學習的同學模仿學習的參考，製作操作流程圖片檔案如下圖6-4所示。

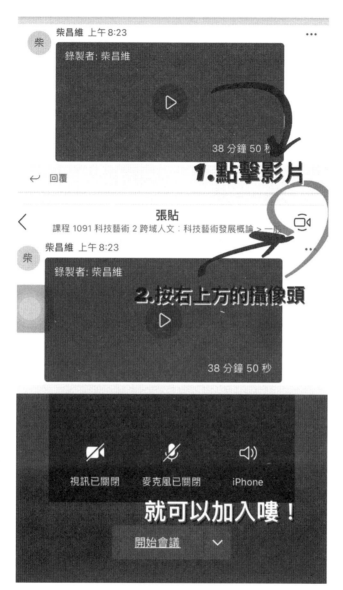

圖6-4　同學自製登入Microsoft Teams平台進行遠距教學課程之操作畫面
（資料來源：中國文化大學Microsoft Teams平台）

第四章

後疫情時代雲端線上遠距教學技術延伸應用實例

　　配合疫情管制人員避免群聚感染的影響，雲端線上教學除了可以在學校正規課程教學領域應用外，大學教授還可以針對相關專題計畫執行、參與國際研討會論文發表與全國競賽的舉辦進行雲端線上教學技術的應用，以解決無法進行專題研究計畫教學、參加國際研討會及舉辦全國競賽的困擾，以下為筆者109年度執行的計畫與競賽，如表6-5：

表6-5　筆者109年度執行計畫與競賽列表

計畫類別	補助單位	計畫名稱	擔任職務
人才培育計畫	原住民族委員會	109學年度「原住民族傳統智慧創作保護人才培育計畫」之系列講座	計畫主持人
人才培育計畫	原住民族委員會	109學年度「原住民族傳統智慧創作保護人才培育計畫」之密集課程	計畫主持人
科技部一般型計畫	科技部	銀髮族安養機構與養護機構照護系統建置計畫MOST 109-2221-E-034-001-	計畫主持人
科技部科普活動	科技部	科普活動：拔尖扶弱國際AI機器人競賽偏鄉原住民部落種子人才培育科普推廣計畫（主題二）MOST 109-2515-S-034-002-	計畫主持人
科技部科普活動	科技部	科普活動：運用新興科技於原住民傳統文化創新課程成立行動部落創客教室之推廣活動計畫（主題二）MOST 109-2515-S-034-001-	共同主持人
科技部科普活動	科技部	科普活動：以國際FLL與FTC機器人競賽培育厚植AI世界中的新女性科技人才計畫（主題一）MOST 109-2515-S-128-002-	共同主持人
科技部女性科技	科技部	運用新興科技為教學輔具並進行國際交流以提升偏鄉中學女學生對STEM領域之學習興趣MOST 109-2629-H-034-001-	計畫主持人

計畫類別	補助單位	計畫名稱	擔任職務
補助大專校院辦理就業學程計畫	勞動部勞動力發展署北基宜花金馬分署	109年5月8日勞動部北分署創字第10949001501號函：教育機器人專精就業學程	計畫主持人
補助大專校院辦理共通核心職能課程專班	勞動部勞動力發展署北基宜花金馬分署	109年5月8日勞動部北分署創字第10949001501號函：共通核心職能課程專班	計畫主持人
中科補助衛星基地推動智慧機器人計畫	巨匠電腦股份有限公司	廠商委託辦理線上機器人競賽計畫	計畫主持人
國際機器人2020 FRC競賽計畫	科技部委託工研院	中科2020FRC台灣區域賽辦理（案號：R530000856）	計畫主持人
			合計補助27,395,595

　　以下章節針對各項計畫執行、競賽推動、國際研討會論文發表等項目如何運用雲端教學技術進行介紹：

第一節

偏鄉部落中小學遠距教學（科技部科普活動偏鄉部落中小學教學計畫）

　　配合疫情管制減少群聚感染的要求，執行科技部109年度科普活動計畫時針對偏鄉部落中小學教學計畫也進行調整，計畫中邀請廠商從台北安排線上遠距教學志工運用平板的Microsoft Teams平台進行雲端教學，以下是科技部計畫執行的相關內容說明：

一、執行偏鄉遠距課程之簡介

　　本計畫以12年國教108新課綱所推動「互動、自主、共好」的理念進行規劃實施，計畫合作教學基地，都被教育部認定處於偏遠、極偏、特偏的國中小

學校，其中不乏原住民部落地區之學校，教學基地分別為南投教學基地、宜蘭教學基地，其中南投教學基地包含：南投縣埔里鎮宏仁國中、麒麟國小、仁愛鄉仁愛國中、法治國小、中正國小、魚池鄉共和國小、國姓鄉北梅國中、北港國小，宜蘭教學基地包含：南澳鄉南澳高中、武塔國小、金洋國小、澳花國小、蓬萊國小、碧候國小、南澳國小、東澳國小、金岳國小等共計17所學校。2020年7-12月份運用遠距志工教學模式進行偏鄉科普活動總共培訓志工人數：360人次、偏鄉學校數：11間、培訓偏鄉學生人數：315人。在疫情嚴峻的狀態下，還是可以透過遠距教學的方式進行，運用科技來幫助培訓志工與偏鄉學生。

二、偏鄉遠距課程執行細節

1. 執行偏鄉教學準備的重點

　　前往偏鄉進行遠距教學應注意到幾項重點：網路、人員、培訓等問題，其中網路頻寬影響線上志工的教學品質，計畫執行期間因為偏鄉學校網路不足以滿足12台平板同步進行遠距教學課程的網路影片傳輸，造成網路頻頻延遲傳送訊息，而無法順利進行網路教學，還特別租用網路Wifi分享器（一般教室）放在偏鄉學校來提高網路傳輸的頻寬。

　　另外，網路穩定度需在實際偏鄉教學前進行測試，包含網路的聲音與視訊，因為網路教學中視訊與聲音是必備的，現場還要有耳麥、耳機等器材，提供給偏鄉學生傳訊息給位於台北的遠距教學志工。若有需要，偏鄉教學現場還需要配置投影機以播放教學影片的方式，作為備案來協助遠距教學的進行。

　　偏鄉原住民部落學校現場需要配置學生志工擔任教學現場的場控，負責控制學生端的聲音，以下為執行偏鄉原住民部落學校教學之流程：

　　　‧學校端開場（上課前10分鐘）

　　　‧導師老師提醒小朋友有問題要提出，或沒問題要說OK。

　　　‧現場準備好了，由導師請小朋友和線上志工說「我們準備好了！」。

　　　‧雙方自我介紹—介紹自己的名字、班級。

　　　‧線上志工自我介紹—說明教學器材。

　　　‧線上志工開始上課—把器材拿到鏡頭前。

‧做到把車子組完—由線上教學志工控制時間。

‧做完的小朋友把車子，拿起來給現場的導師/志工看。

‧線上教學志工視狀況與小朋友互動。

‧線上教學志工與小朋友說「我們下課了！」，之後結束線上課程（請導師告知小朋友，聽到這句就可以關掉網路教學Microsoft Teams平台）。

2. 教學重點注意事項的經驗特色說明

(1) 課程進行說明

‧皂飛車課程講義：上課用講義（含影片），線下與線上志工皆有。

‧實驗記錄表：上課前由學校輸出，每位學生一份。

‧志工教室連結表：上課前1～3天，確認該場次的線上及線下志工皆有收到。

(2) 課前準備

A. 線下志工

　(A) 材料包（每位學生一份）。

　(B) 實驗道具（影片中示範的斜坡，包含2公尺以上捲尺）架設，一間教室一組。

　(C) 實驗記錄表輸出、筆（每位學生一份）。

　(D) 裝零件的容器，可用A4廢紙折一個紙垃圾袋（每位學生一個）。

　(E) 平板充電並設定好網路。

　(F) 確認收到線上志工提供的Microsoft Teams會議連結（超連結/QRcode）。

B. 線上志工

　(A) 由負責人統一設定線上會議室。

　(B) 將會議連結貼到https://reurl.cc/main/tw產生短網址以及QRcode，製作會議連結。如下圖6-5：

縮短網址產生器 - reurl

IP查詢 - 可以查詢自己的IP位址，也可以輸入IP查詢所在位置；繁簡轉換：可進行繁轉簡或是簡轉繁；QRCode - 輸入網址或是任何其他資訊，快速產生QRCode下載使用；UTM網址 - 選擇UTM參數並輸入網址，自動產生UTM網址複製使用；YouTube轉換 - getvideo. me是一款能抓取多個網站的線上工具，包括：將YouTube轉換成MP3 ...

reurl.cc

圖6-5　縮短網址產生器

（資料來源：http://reurl.cc）

(C) 將會議連結以及QRcode分配給不同教室以及線上志工。

(D) 製作好的分配表電子郵寄給線上及線下志工（如「志工教室連結表」）。

(E) 每個會議室由一位線上志工主持，依據總人數分配1～2位學生。

(3) 上課前15分鐘

A. 依據平板背面數字標籤（1～10號）進入對應的會議室，使用電腦的學生則進入11號之後的會議室。

B. 學生端平板（使用APP<QR掃瞄器>掃描會議連結QRcode）、電腦(會議連結網址)登入Microsoft Teams。

C. 志工進入分配表上的會議室，負責人依序進入每間會議室將學生及志工從會議大廳加入。

(4) 課程進行

A. 線下志工確認學生端麥克風呈關閉狀態或佩戴耳機。

B. 若網路不穩請線上志工與學生將鏡頭功能關閉。

C. 線上志工透過Microsoft Teams分享「桌面」功能（非分享「powerpoint」），確認「系統音訊」呈勾選狀態（Mac暫不支援）。

D. 線上志工放映「皂飛車課程講義」開始課程。

3. 執行過後發現的問題與建議方案

　　自2020年7月至12月止，經過大約半年期間的偏鄉遠距教學與測試，發現在偏鄉原住民部落透過Microsoft Teams平台進行科普活動遠距教學確實存在一些問題，教學團隊也試圖找出相關的解決配套方案，整理如下表6-6：

表6-6　偏鄉原住民部落科普活動遠距教學存在問題與解決方案一覽表

透過Microsoft Teams平台進行偏鄉遠距教學存在的問題	解決方式
學校現場軟硬體設備 1. 連線不穩定，平板無法連線。 2. 電腦教室桌機沒有攝影機，耳麥大部分損壞，導致線上志工無法跟學生互動。	1. 請學校資訊老師幫忙，提前一週把平板寄到學校測試連線，確保平板能正常連上Microsoft Teams平台。 2. 線下老師提前一週確認學校設備狀況：是否每一個連上線上課室的設備都有耳機、麥克風及攝影機。
前置作業時間太長，導致課程延後開始，沒有足夠時間組裝小車。	現場志工於上課前半小時前將所有設備都連線至相應的線上教室，並請學生在上課前10分鐘就定位，準備開始上課。
沒有統一的上、下課時間，線上志工不清楚甚麼時間應該做甚麼，學生也沒有相應的反饋，導致課程難以推進。	在線上志工正式開始上課前，請現場志工跟學生介紹一下今天的課程名稱及上課方式，提醒學生積極跟線上志工進行互動：如先介紹自己的名字、班級；若聽懂對方的話就說好或OK，有問題要直接提出。 下課前請現場志工統一宣布課程結束，請小朋友跟線上志工道別，然後才下線。
一個人主持所有Microsoft Teams平台的會議很混亂，出現志工或學生等待很久無法進入的情況。而且線上志工以訪客身分進入無法錄製會議。	1. 有Microsoft Teams帳號的志工發出會議邀請給各自的聯絡人，聯絡人再統整會議連結給現場負責人或者改用其他線上連線方式如skype、LINE等。 2. 增加現場志工人數，安排專門負責人跟廠商線上志工的聯絡人連線，以便了解現場狀況。

三、偏鄉遠距課程實施後的修正建議

執行科技部科普活動計畫進行偏鄉遠距教學課程實施後，教學團隊提出了修正建議，整理如以下12點：

1. 電子講義要依據實際遠距教學情形做微調，請線上志工使用調整過的版本。

2. 不論線上志工是否有Microsoft Teams企業帳號，建議統一使用Microsoft Teams上課。

3. 線上志工請事先安裝Microsoft Teams。

4. 負責人統一設定線上會議室：

(1) 會議選項—誰無需先在大廳等候？—>所有人

(2) 會議選項—誰可以簡報？—>每個人

5. 將會議連結貼到https://reurl.cc/main/tw產生短網址以及QRcode，製作會議連結。

6. 將會議連結以及QRcode整理於志工教室分配表。

7. 製作好分配表郵寄給線上及線下志工（包含教學現場工作人員）。

8. 上課前線下志工先確定裝置皆連上網路且進入相對應會議室。

9. 優先使用平板（使用APP<QR掃瞄器>掃描會議連結QRcode）登入Microsoft Teams平台。

10. 剩餘用電腦（點選會議連結網址）登入Microsoft Teams平台。

11. 課程當天負責人依序進入每個會議室，將滯留在大廳的人員拉進會議室，確認志工與學生的裝置都進入會議室。

12. 線上志工透過Microsoft Teams分享「桌面」功能（非分享「powerpoint」），確認「系統音訊」呈勾選狀態。

四、遠距課程活動記錄

遠距教學課程由在台北的線上志工擔任教師，偏鄉現場由貝登堡公司工程師搭配中國文化大學機械工程學系學生，協助現場偏鄉學生操作平板與Microsoft Teams平台系統，確認線上志工與偏鄉小朋友的聯繫是正常與通暢。

雲端偏鄉遠距教學活動記錄：

圖6-6　學校老師介紹課程與開場說明

圖6-7　同學們認真聽講的情形

圖6-8　同學們透過雲端教學認真聽講情形

圖6-9　同學們透過雲端教學認真實作

圖6-10　同學們透過雲端教學認真實作

圖6-11　同學們透過雲端教學認真實作

圖6-12　同學們透過雲端教學師生互助	圖6-13　同學們透過雲端教學師生互助

第二節

遠距教學協助競賽線上評審與國際研討會遠距論文發表

一、中科國際機器人2020FRC台灣區域賽競賽

　　因應疫情影響，中科國際機器人2020FRC台灣區域賽競賽時間延期至2020年11月5-8日，由於國外人員進出國門需進行管制14天造成困擾，因此，將此次中科國際機器人2020FRC台灣區域賽部分賽程調整成國內評審與國際線上評審共同透過Microsoft Teams針對參賽隊伍進行審查，過程中運用最新的5G技術來克服傳輸速度不足的問題。

　　在發給國際評審的邀約信中提到，因應疫情的影響舉辦國際賽事，無法邀請國際評審親自到台灣擔任評審工作，因此，在比賽場地設置5G網路，國際評審搭配國內評審一起來針對參賽學生進行提問與回答，再透過國際評審線上溝通的方式，決定競賽得獎隊伍，相關評審細節規定內容都在評審手冊中敘述。參賽隊伍共28隊，競賽評審需評出14個獎項。

　　國際競賽開始時，由國際評審長運用Microsoft Teams透過5G網路的方式針對競賽注意事項進行說明，並介紹國際評審給在現場的評審團，說明完評審注意事項後，評審們透過網路教學軟體進行交流與溝通，對於競賽評審取得共識。

圖6-14 透過遠距教學軟體與國際評審進行競賽規則說明與討論

圖6-15 透過遠距教學軟體與國際評審進行競賽規則說明與討論互動情形

評審過程中，在現場的評審與國際評審共同參與參賽同學的問答過程，並由不同評審對參賽隊伍的評分，最後，再由評審們運用遠距教學軟體進行視訊討論團隊的得分與獎項，討論情形如下圖6-16：

圖6-16 透過遠距教學軟體與國際評審進行競賽得分與獎項分配

二、中科補助衛星基地推動智慧機器人計畫——廠商委託辦理線上機器人競賽

　　筆者藉由爭取巨匠電腦結合中科補助衛星基地推動智慧機器人計畫提出線上機器人競賽「Matrix AI超前部署循跡賽」，在國際疫情影響的情形下，以線上評審的方式辦理。競賽過程中，選手在自己的學校進行練習與測試，如圖6-17所示，並將測試結果錄製成影片上傳至網路資料庫，提供給評審進行線上審閱，並透過遠距平台由不同評審的意見彙整出競賽成績，最後再召集評審進行會議，決定線上機器人競賽的成績。

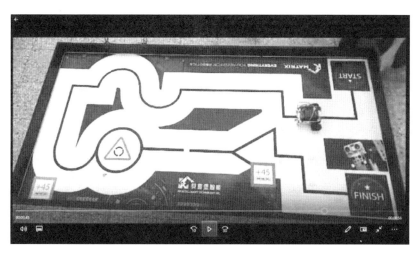

圖6-17　學生將MATRIX機器人競賽的錄影檔案上傳雲端給評審委員觀看與評分

　　競賽的內容鼓勵參賽者結合新課綱運用科技工具、材料、資源等動手實作以學習AI領域新知識，藉由競賽過程，善用網路資源將基礎機電及程式整合實踐創意、思考及解決問題，同時促進全國各級學校相關領域學生學習科技知識與團隊合作之能力，達到寓教於樂的目的。

　　舉辦線上競賽的目的是，在疫情影響的情形下，提供學習環境讓參賽隊伍知道學習過程中哪個環節需要更努力，成績輸贏並不是重點，重點是在學習過程中獲得了什麼。

三、國際研討會遠距論文發表之應用

　　因應疫情的影響，國際研討會也新增了線上論文發表的模式，提供無法前

往論文發表地點的學者專家互相交流分享的機會，會議徵求首頁寫下了接受透過雲端教學軟體進行論文發表的模式，國際研討會網頁如圖6-18所示。

圖6-18　國際學術研討會ECEI 2021徵稿網站上寫下接受遠距論文發表的方式

在參與國際研討會的過程中，由於身在國外的專家學者無法親自到會場進行專題報告，所以，只能運用遠距教學軟體來進行Keynote Speech專題演講，如圖6-19所示。

圖6-19　國際知名學者透過遠距教學軟體進行Keynote Speech專題演講

　　國際研討會行前通知以電子郵件顯示大會提供的線上直播的網址（Youtube），但由於在境外的論文發表者無法登入Youtube收看即時影像，所以，筆者只好安裝在境外可以使用的騰訊會議國際版視訊軟體（VooV Meeting），如圖6-20所示，透過騰訊會議國際版視訊軟體將國際研討會的即時訊息傳送給在境外的論文發表者，如圖6-21所示。

圖6-20　騰訊會議國際版視訊軟體

圖6-21　透過筆者自行安裝的視訊軟體將大會演講畫面傳送給在境外的與會者

國際研討會論文口頭發表的過程中，筆者運用Microsoft Teams讓在境外的發表者共同參與國際研討會論文發表，同時在參與者座位上安裝騰訊會議國際版軟體即時回傳討論畫面給論文發表人與會議主持人一起互動與討論，如圖6-22、6-23所示。

圖6-22　筆者運用遠距教學軟體Microsoft Teams與騰訊會議進行論文發表

圖6-23　筆者運用遠距教學軟體Microsoft Teams顯示出遠距參與研討會的互動畫面

第三節

執行網路遠距教學技術延伸應用的經驗討論

執行遠距課程後發現，學校的網路頻寬是否足夠很重要，很多時候在上課過程中，因為訊號不良而導致遠距課程錄影中斷，造成很大的困擾。尤其在執行偏鄉中小學教學計畫時，由於網路不順暢導致身處遠方的志工老師無法有效進行教學活動，造成很大的困擾。

一、教師視角

執行雲端教學時，由於學校並沒有在教室配置可以錄製Microsoft Teams課程的裝置，使得老師必須自行背一台筆電，架在教室學生的座位上，來錄製老師教學的內容。因為除了平時要準備上課用的道具、教材外，還要額外背一台筆電到教室，又要花時間架設與調整，還要擔心網路無法負荷造成訊號中斷，確實形成老師很大的負擔。

好處是可以提供因為疫情影響，而無法前來上課的同學一個學習的機會，老師也可以將相關教學資源重新整理成為可以在網路上輔助教學的內容，但是，老師需要付出更多教學準備的時間與心力。建議教育部及學校應提供相關資源協助老師，避免老師因為無力負擔龐大的教學準備，而降低了教學品質。

二、學生視角

在學生學習部分，建議教師能多採用媒體教學的方式，提高學生學習的意願。另外，學生在操作網路學習平台時，應熟悉操作程序，避免全面實施時無法順利及時操作而造成缺課等困擾。學校端也應盡量避免學生無法登入學習的狀況，製作簡便的操作步驟提供給學生參考使用，也能減少學生自學時無法立刻完成登入狀態的困境。

部分學生反應為了要節省到校上課的時間，希望老師盡量開Microsoft Teams線上教學取代上課時親自到課的點名方式。線上提供教學資源對於無法到課的境外生確實提供了不錯的協助，尤其大陸地區有些學生反應學校的課業

輔導系統也無法登入，他們只能透過Microsoft Teams教學平台來獲取相關學習資訊，對他們很有幫助。

但是，有些實作課程由於學生無法到課，學生也買不到相關的實驗設備，造成學生學習上的困擾，學生由於沒有辦法學到想學的概念，也間接造成較低的教學滿意度，這也造成了授課教師的壓力。

透過遠距教學的協助，學生可以參與無法學習的課程，同時還可以透過遠距互動的方式參與競賽，筆者課堂的學生在境外地區，透過Microsoft Teams遠距互動軟體參與競賽也得到了佳作獎項。

三、教學內容

在教學內容精進部分，建議教師能在教學準備時增加多媒體教材應用，提高學生學習時的動機，此外，撰寫內容時採用漸進的方式，逐漸加深、加廣教學內容，讓學生能逐步學習該學習的內容。在品質管控部分，建議各學校能提供相關網路學習的軟體給授課教師，透過更瞭解網路教學的技巧，提供更多符合學生遠距教學需求的資料，以提高學生透過遠距教學進行學習的成效，同時，教師在上課時若能搭配教學助理、班級小助教來輔助雲端教師無法照顧多名學生反映意見的困擾，或許能提高學生在網路學習時的學習效果。

四、課後評量

剛開始執行線上教學時，因為不知道學校的政策如何，所以，只能盡量放鬆管制的條件，同學們在點名的時候出現即可，同學們因為操作不順也常常反映無法連上Microsoft Teams系統，老師再給學生補救的機會。隨著系統操作越來越順暢，同學們無法登入的次數也降低了以後，老師才可以要求學生在系統上參與課程活動、討論、寫作業與測驗等。評分的方式盡量採取線上繳交作業的形式進行，減少學生因為不能出席繳交而缺交作業的困擾。如下圖6-24及圖6-25：

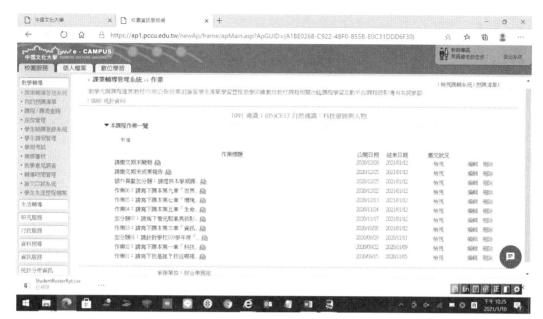

圖6-24　學生在境外可透過課業輔導系統平台進行網路繳交作業──科技發展與人物
（資料來源：中國文化大學課業輔導系統）

圖6-25　學生在境外可透過課業輔導系統平台進行網路繳交作業──Arduino設計藝術
（資料來源：中國文化大學課業輔導系統）

第五章

結論與未來展望

　　執行將近兩個學期的雲端線上正規教學、競賽評審的遠距教學運用、支援偏鄉計畫遠距教學執行、國際研討會論文發表等，發現透過雲端線上教學的模式確實可以協助無法到校上課或出席競賽的同學帶來方便性，但在需要實務操作課程指導的科目上，也帶來了一些困擾，以下針對教師專業發展、學生學習與教學內容三個方面進行說明。

第一節

網路正規遠距教學

一、教師專業發展

　　學校若要求所有教師皆採用線上教學，則應提供教師相關資源、設備與技術，避免老師為了應付雲端線上教學必須攜帶額外的錄影設備，增加進行線上教學的困難度。此外，由於線上教學增加的許多準備的時間，建議學校應該提供相對應的獎勵措施，以提高教師投入遠距線上教學的意願。

二、學生學習

　　在學生學習部分，建議教師能多採用媒體教學的方式，提高學生學習的意願。另外，學生在操作網路學習平台時，應熟悉操作程序，避免全面實施時來不及順利及時操作而造成缺課等困擾。學校端也應盡量避免學生無法登入學習的狀況，製作簡便的操作步驟提供給學生參考使用，也能減少學生自學時無法立刻完成登入狀態的困境。

三、教學內容

在教學內容精進部分，建議教師能在教學準備時增加多媒體教材應用，提高學生學習時的動機，此外，撰寫內容時採用漸進的方式，逐漸加深、加廣教學內容，讓學生能逐步學習該學習的內容。在品質管控部分，建議學校提供相關網路學習的軟體給授課教師，以提高學生學習的成效，同時，教師在上課時若能搭配教學助理、班級小助教來輔助雲端教學老師無法照顧多名學生反映意見的困擾，或許能提高學生在網路學習時的學習效果。

第二節

競賽評審的遠距教學運用

一、競賽評審遠距教學平台的應用

為了避免疫情期間舉辦競賽造成的群聚感染，主辦單位運用遠距教學平台邀請國內外評審共同為身在台灣不能出國的學子進行評審，確實有助於提升學生的國際視野，並增加競賽的實務經驗，確實有其必要性。然而，在競賽評審過程中，還是偶有網路不順的情形發生，這些問題都應該在競賽評審前做好設備的測試，以避免學生參賽時受到網路不順而影響評審的成績。

二、參賽學生的學習

在參賽學生學習部分，學生可以透過遠距教學平台與國外的專家學者報告競賽的成果，也算是另類的國際交流學習，對於學生的語言能力及國際視野，應能有所助益。此外，學生在熟悉的環境操作測試競賽的機器，也能減低因為環境不同影響表現成果的困擾。為了讓參賽學生更熟悉遠距教學介面，建議競賽主辦單位應製作簡便的操作步驟與說明，提供給參賽學生提早參考使用，也能減少學生因為操作介面不順影響成績表現的困擾。

三、競賽題目的規劃

由於遠距教學輔助的競賽模式，往往會與實際競賽的情境不同，因此，在競賽題目設計時，建議考量實際可能發生的問題，將題目設計作適當的調

整，以免學生透過網路繳交的成果，被人質疑可信度。另外，在競賽品質管控部分，建議主辦單位應能提供相關網路學習的指南給參賽選手與評審，以提高競賽過程的順暢度。同時，競賽場上應搭配若干評審助理，協助評審進行線上評審時能減少操作網路遠距教學平台所造成的錯誤與停頓。

第三節

偏鄉教育的計畫執行與國際研討會論文發表

一、遠距教學環境的限制

　　執行計畫前往偏鄉學校進行遠距科普教學時，應注意現場的環境是否能滿足雙方的需求，否則只要有一方的網路不順，就會造成斷訊而影響教學進度。大學教授若要執行計畫前往偏鄉進行遠距同步教學，應先確認場域相關資源、設備與技術是否能配合，避免實際執行雲端線上教學，還要另外帶無線分享器來補足網路不順的困境。此外，由於運用遠距教學平台進行線上教學需要增加的許多的時間與設備，建議教授在申請相關計畫時，要能先做好評估，才不會到時候發現狀況以後來不及反應而造成遠距教學的不順暢，影響學生學習的成效。

二、偏鄉學生學習

　　在學生學習部分，建議教師能搭配多媒體的方式來呈現，以提高學生學習的動機。另外，進行偏鄉遠距教學時，由於學生年齡較低且較無操作遠距教學平台的經驗，學生常常會因為操作不順暢而造成斷訊，這個時候，在現場服務的志工就必須要介入協助解決困境。因此，現場志工的角色就顯得非常重要。現場志工除了要協助教學的工作，還要熟悉遠距教學平台的操作，以能隨時介入解決偏鄉學生學習的問題。

三、偏鄉遠距教學內容設計

　　在遠距教學內容的部分，建議教授執行計畫時，能在教學設計時採取有趣

味性的教材，提高學生學習時的動機，此外，教學內容編寫時建議採用漸進的方式，逐漸加深、加廣教學內容，讓學生能逐步學習該學習的內容。此外，若能在遠距課程教學完成後，提供讓偏鄉學生自己持續自學與體驗的教學設計，應能提高偏鄉學生學習的成效。

四、遠距教學志工專業發展

　　遠距教學志工培訓分為線上志工與現場志工兩類型，由於線上志工無法親自接觸偏鄉學生，比較容易產生距離感。因此，線上志工除了要培訓專業知能外，還需要多一些耐心與愛心，才能在遠距教學溝通的過程中，慢慢獲得偏鄉學生的認同與喜愛。現場志工的培訓則需要多面向的養成，教學專業的培訓之外，還要多一些處理資訊與遠距教學平台操作技術的認識。通常現場志工應與線上志工一起培訓，以熟悉相關遠距教學平台操作的技巧，並能與線上志工共同學習並處理問題，進而產生教學時的默契，以減少遇到教學困境時所可能產生的困擾。

五、國際研討會論文發表

　　因應疫情影響導致各國管制人員進出國門，國際研討會論文發表的方式也新增了遠距論文發表的模式，但由於部分地區通訊管制的原因，導致某些常用的即時視訊軟體無法使用互相通訊，因此，選擇合適、共通的遠距教學軟體就顯得非常重要。依照筆者的實際經驗，發現學校採用的Microsoft Teams確實可以適用於大部分地區的使用者。另外，為了讓在遠距進行論文發表者能掌握會場的實際情形，筆者建議能在發表會場前後皆架設一台遠距視訊教學的攝影機並搭配不同的視訊軟體以方便在遠距進行論文發表者能身歷其境即時掌握會議主持人與參與人的問答訊息，避免因為遠距視訊軟體的限制而造成論文發表的延誤而造成困擾。

　　由以上所述，可以瞭解運用遠距教學工具與平台在雲端線上工程領域正規教學、競賽評審的遠距教學運用、支援偏鄉計畫遠距教學執行、國際研討會論文發表等面向實際操作的情形，期望本文內容能對後續想透過遠距教學相關技術，進行工程領域教學、研究、服務的教師提供參考。

第七篇

美國疫情下的遠距與互動教學面面觀

趙貞和

　　在2020年三月左右，紐澤西州是美國新冠病毒感染人數最多的第二名；因為疫情影響，威廉派特森大學被迫將大部分的課程轉變為遠距教學。由於時間緊迫，這個過程經歷了一個「質」的蛻變：從開始的教學單向輸出，利用電子郵件或Blackboard教學管理系統，安排大學生或研究生自學及繳交作業，到後來的教學雙向溝通，藉由Zoom或Microsoft Teams遠距會議軟體進行互動學習及各類活動。經過將近一年的遠距教學實踐，在2021年的年初，美國高等教育界，已經開始探討遠距教學全面取代面授的可能性。然而，因為遠距教學而失去的人跟人面對面對話的腦力激盪及其產生的創意，也令人憂慮。

第一章

前　言

　　筆者為紐澤西州立威廉派特森大學（William Paterson University of New Jersey），Cotsakos商學院管理行銷銷售系終身正教授。同時也是紐約市立大學勃魯克學院（Baruch College, City University of New York），行銷及國際企業系約聘正教授。在此章，筆者將以一個身在新冠病毒重災區的居民及老師的角度，為讀者還原從2020年3月到11月兩所學校應對新冠疫情（以威廉派特森大學的例子為主），所採用的遠距教學方法，並提供一些親身體驗的感想。

第一節

紐澤西州及紐約市的疫情

　　紐澤西州截至2020年11月7日，總共有249,380個新冠病毒確診病例，14,616個確診死亡病例；紐約市總共有260,092個確診病例，19,392個確診死亡病例。紐約市跟紐澤西州基本上是一個一日生活圈的概念（紐澤西州擁有全美國排名第一的公立學校系統，紐約市是全球金融中心，所以很多人住在紐澤西州，但在紐約市工作）。也因為如此，當2020年3月到6月左右，紐約市是全美國新冠疫情最嚴重的地區時，紐澤西州理所當然的排名第二。然而，以筆者生活在紐澤西州的親身體驗，新冠疫情確實也不像電視新聞報導的那麼嚴重的影響居民的生活。除了學校陸續改成遠距教學，在家上班（work from home）的公司增加，網路購物及餐點外送的盛行之外，基本上一切正常。美國地大人疏，維持社交距離（social distance）本來就很容易，除非必要，與人接觸的機會非常小。戴不戴口罩，在疫情初期確實在美國社會造成了一定的爭執。文化上，美國人認為只有生病的人才需要戴口罩（其實，他們認為生病的人就不

應該外出）。不過目前戴口罩甚至戴手套外出，都是常態，甚至是法規上的要求。

第二節

紐澤西州立威廉派特森大學簡介

威廉派特森大學，坐落在紐澤西州（New Jersey）韋恩市（Wayne），距離紐約市中心大概有半個小時的車程。它是紐澤西州公立大學系統中的一所大學，創建於西元1855年。五個學院的大學部及碩博士生加總約有一萬名學生。威廉派特森大學被認為是服務西語裔族群學生的指定大學，很多學生都是家族中第一個上大學的人（first generation college student），需要全職工作或半工半讀的學生不在少數。學校希望提供學生具有「轉變性」（transformative）的教育機會，也就是說，透過在威廉派特森大學所受的教育，希望能夠轉變他們或他們家的人生！在這樣的教育理念下，學生入學的門檻相對較低，部分學生並不完全具備接受大學教育的基本能力。在平時，這些學生就需要老師更多的指導與幫助；在疫情期間，可想而知，這些學生遭遇到更多更複雜的學習困難，需要學校更多的關懷。

第二章

紐澤西州立威廉派特森大學2020年3月到8月的疫情應對紀實

在此章，筆者將按照時間的先後順序，呈現學校應對新冠疫情的大致情況，並提供一些個人角度的觀察。

在2020年2月28日，學校的學生發展副校長、人力資源管理副校長及健康中心主任聯名寄給全校教職員工及學生一封電子郵件，揭開了漫長的應對新冠病毒疫情的序幕。然而，在這封電子郵件中，主要的內容是在強調學校有一套應對特殊狀況的計畫，提醒大家不需恐慌，更不應該對特定的族群有所歧視（這是針對「中國病毒」這個說法的一個回應）。另外，信中還介紹了感染新冠病毒的可能症況，希望大家小心。此時，全美國只有60個確診病例。

在3月5日，教務長第一次透過電子郵件，通知所有的老師，學校已經開始嚴肅地研究可能即將到來的教學方式的改變。教學與研究科技中心短期內會以「線上」配合「線下」的方式（這個時候還是以線下為主），提供需要的老師必要的訓練。與此同時，學校也告知了所有的學生，如果疫情嚴重程度升高，教學會繼續進行，Blackboard（學校使用的教學管理軟體Learning Management System）將會是遠距教學的主要平台。學校也第一次的提到了同步（Synchronous）及非同步（Asynchronous）教學的區別及使用的可能性。

3月5日顯然是學校真正正視新冠病毒疫情的開始。同一天，校長也正式宣布，任命健康中心主任為重大突發事件的總指揮官，並成立了危機管控小組及疫情評估團隊。

隔天3月6日，教務長啟動了教學管理軟體Blackboard的緊急準備措施。此措施主要針對尚未使用Blackboard 的老師，希望能在最短的時間內，能幫助這些教授了解此軟體的基本功能。例如：如何登入、發通知、發電子郵件，使用討論室功能，利用Collaborate功能視訊，登錄成績等等。身為一位從學生時

期就開始使用Blackboard軟體的年輕（相對而言）商學院教授，筆者第一次理解到並不是所有的學科（例如：音樂系）或老師（例如：年長的學者），都使用或會使用Blackboard教學管理系統（從疫情開始以來，筆者經歷了很多這樣的「新的理解」的時刻，之後會一一分享）。教務長責成教學與研究科技中心迅速完成這項工作，確實是有先見之明。

3月份即將迎來許多美國大學的春假（Spring Break），也是教授及學生外出參加學術會議及旅遊的旺季。校長在3月6日的另一封電子郵件中，要求老師們必須在出國前向學校申報，如果有乘坐郵輪的相關安排，也必須先得到主管的同意（疫情期間，有郵輪上的旅客到岸不能下船的新聞。這是防止教授受困在郵輪上，不能重返工作崗位的一個舉措）。現在回想起來，此時已經有許多的同事開始臆測學校何時會宣布將所有的教學活動改成遠距，因為美國許多大學在這個時候已經宣布實施百分之百的遠距教學了。而臆測所帶來的不安情緒也是節節升高，例如：在3月10日，校長親自發了一封電子郵件，澄清校園內盛傳有職員感染的消息是錯誤的，並提醒大家個別案例的訊息，法律規定是不可以隨便分享的。筆者認為，不安的情緒來自於大家對新冠病毒的恐懼，以及對學校管理階層是否在乎教職員工及學生健康安全的質疑。

3月11日，校長終於公告了教學方式的改變！這個宣布也是應對州長緊急狀態令的配套措施。遠距教學從這一天開始，正式啟動。這個公告有以下幾個要點：

1. 春假（Spring Break）延長兩天到3月24日。

2. 從3月25日開始到4月14日，所有面授暫停，改為網上教學。

3. 需要使用實驗室或演奏教室的課，經院長同意後，交教務長審核通過，可以繼續面授。

4. 20人以上的會議，建議使用Microsoft Teams軟體舉行。

5. 住宿的學生在春假期間必須搬離，4月14日前禁止返回，靜候通知。

6. 有健康顧慮的職員，需聯絡人力資源管理部門討論必要的工作調整。

筆者認為，春假延長兩天，是為了有更多的時間準備遠距教學的進行。如之前所述，並非所有的老師，都擁有在短時間之內將面授課程改為遠距教學的能力及意願。能力限制方面包含電腦是否有鏡頭跟麥克風，Blackboard 教學

管理軟體的登入及使用……等。更重要的是，大部分的老師都沒有遠距教學的課程設計訓練與經驗，造成一些老師因為質疑教學的效果，進而非常排斥使用遠距教學。當然，平心而論，極少部分老師對需要多花時間在學期中更改教學計畫，也很不情不願。

另外，此時學校依然是保持觀望的態度，所以這個公告只適用到4月14日。筆者猜測這可能跟管理階層對疫情的理解、州政府的要求及學校對遠距教學的執行能力有關。值得一提的是Microsoft Teams、Webex及Blackboard Collaborate是學校官方已經購買並一直採用的遠距教學軟體，所以學校推薦使用。當時也有老師建議購買ZOOM，但是學校因為經費的緣故，並沒有立即採用這個建議（大概在春季班期末，學校才購買了ZOOM專業版供老師使用。資安問題，一直都不是使不使用ZOOM的主要考慮因素）。

3月20日，還在春假期間，由於疫情越來越嚴重，校長決定，遠距教學會持續到學期末。這是一個重大的政策轉折，不過也是無奈之舉。疫情已經嚴重到短期內看不到面授的可能，學校為了避免更多不必要的猜測及混亂，當機立斷，讓教學方式明朗化。4月1日，教務長發表了一組統計數據：在短短兩週內，至少有842名教授、1,630節課，使用Blackboard。所有的師生都用Blackboard或其他軟體進行遠距教學。筆者覺得需要特別指出的，是教務長同時提出的幾點建議：

1. 練習傾聽：學生（其實老師也是）壓力很大，需要老師們更多的關心。教務長並再次保證教學會持續進行。

2. 利用學校的各種資源：其中包含了電腦的借用。筆者體悟，教授們容易以自己的生活水準來設想學生在家學習的環境。事實證明，州立大學的學生，並不是人人家中都有電腦，或是有足夠的電腦供全家人同時上班上課；即便有電腦，網路也不一定穩定。為了讓所有的學生都有公平學習的機會，電腦的出借是非常即時且重要的（當然因為學校預算的關係，並不能保證所有的學生都能借到電腦）。

3. 保持耐心：教務長強調他不期待完美（Perfection is not expected）。上課上到一半電腦當機，部分學生同步上網課沒有任何反應等等，都應視為正常，耐心對待。

4. 同舟共濟：疫情讓大家更加緊密的連結，應該互相幫忙支持（「Physically distant but socially connected.」是在疫情中期流行起來的新概念。也就是說我們是應該保持人身距離，但社交上不應該如此）。

第三點建議，在當時的時空環境下，筆者認為十分重要。平時對學生的正常要求，老師們要重新思考其妥適性。相對的，平時對老師的正常期待，學生們也要做必要的降低。大家保持耐心，才能在龐大的壓力下，順利的完成春季班的教學（整個過程中，無論是管理層還是老師都沒有討論過暫停授課的選項，也是筆者覺得特殊的一個現象）。

雖然教學的持續獲得了保證，但筆者必須誠實地指出，春假結束到春季班期末的教學質量，是十分參差不齊的。雖然沒有做過系統性的研究，但根據部分學生的反應，有些教授只是透過電子郵件發作業或是網路上的視頻給學生，然後要求學生自習後繳交作業；有些教授會錄製授課音頻或視頻，然後要求學生自己找合適的時間收聽或觀看。筆者個人是採用ZOOM同步教學。也就是說學生必須在疫情前已經規定的上課時間上ZOOM接受遠距授課。筆者是根據以下的原因做此決定：

1. 盡量讓學生的生活正常化：疫情讓大家的生活有了很大的變化。也許要求學生在原本的上課時間上課，可以讓學生有一種一切大致如常的感覺（這是筆者主觀的善意）。

2. 筆者因為也在紐約市立大學擔任約聘教授，所以有紐約市立大學購買的專業版的ZOOM帳號（專業版基本上沒有使用時間限制；免費的ZOOM帳號有45分鐘的使用限制，對一般75分鐘或是兩個小時40分鐘的課程來說，不適用）。資源上有能力做到同步教學；

3. 經過反覆思考，筆者認為同步上網課更為容易輕鬆（這是從老師的角度來說）。當然，這跟老師個人習慣的教學風格有關（筆者比較習慣有互動性的授課方式）。

雖然以遠距教學的理論及要求標準（例如：現在比較常採用的Quality Matters標準。以下鏈接可以找到Quality Matters的詳細資訊：https://www.qualitymatters.org/），如此各式各樣的教學方式，稱不上專業。但是在如此嚴重的疫情下，學校跟老師還是勉強地完成了春季班的課程。過程中，校

長及教務長不斷提醒老師，多體諒學生，保持最大的彈性（例如：接受遲交作業），對自己或對學生都不要施加太大的壓力。這些提醒，在當時的情境下，確實幫助大家，一起度過難關。

5月5日，教務長宣布所有的暑期課程全部改成遠距教學。他並提供了一些數據：百分之四十六的老師疫情之前沒有任何網路授課的經驗；使用同步教學的教授，62%採用Blackboard，其他的以使用ZOOM居多；使用非同步教學的教授，85%採用Blackboard。有40%的學生疫情之前沒有任何遠距學習的經驗。老師們遇到最多的問題是：缺少或只有特定的學生參與互動；對轉換面授課程到網上沒有信心。學生們遇到的問題有幾種：

1. 科技上的挑戰：感覺老師對網上上課不熟悉（學生對教學的質量還是有一定的要求的）；老師在網上撥放視頻容易發生遲緩的情況（網速不夠快的原因）。

2. 學習上的挑戰：壓力變大，事情變多，難以調適；注意力不容易集中；遠距教學缺乏互動。

筆者認為，此時教授跟學生體驗的是各式各樣的所謂的遠距教學，所以造成了雙方同時都覺得缺乏互動是一個很大的問題（試問如果只是用電子郵件交代教學及作業內容，怎麼可能會有互動的情況發生？）不過，再一次強調的是，在如此嚴重及突發的疫情下，教學的質量保證，沒有比教學的持續性重要。

在六月份的教務長月報上（此時春季班已經結束，暑期班開課），教務長公布了學生對春季班的教學體驗問卷調查結果（總共有1,334個學生參加了調查）：

1. 學生表示，40%的課程是同步進行的，另外40%是非同步的，其他的則是混合的。

2. 75%的學生對春期班的教學體驗是滿意，非常滿意，或極度滿意的。大學部的學生比較喜歡非同步的教學方式，而碩士生則比較喜歡同步的教學方式。

3. 學生表示如果能有更彈性的作業繳交時間及減量的學習要求會讓他們對春季班更為滿意；增量的學習要求及缺少討論互動則導致了較為負面的體

驗。學生生活上最大的挑戰是：工作時數的改變及家庭／育兒的責任增加。

筆者認為強調正面評價的美國文化，以及疫情的嚴重性，對學生的高滿意度是有影響的。另外，碩士生跟大學部的學生，對學習的要求是不一樣的。值得一提的是，很多人也許認為疫情會造成學生工作時數下降，其實並不一定。在一個人口相對較少，缺乏勞動力的社會，大學生是很重要的勞動力來源。舉例來說，疫情造成線上購物的突然增加，很多學生主動（為了多賺一點錢）或被迫（擔心疫情期間不願意幫忙，疫情後會丟失工作）增加工作時數，使得學習幾乎成為一件不可能的任務。

老師們對春季班又是怎麼樣的一個體驗呢？

1. 對遠距教學工具的不熟悉，缺乏可用或穩定的電腦及網路，是很大的挑戰；

2. 75%的老師對自己在春季班的網路教學表現感到滿意。65%的老師表示自己的遠距教學能力有所提升。

教務長同時表示，不論州政府對「重新啟動」（Reopen）的標準及決定是甚麼，學校對接下來的秋季班絕對是朝著面授及遠距教學併行的方向來設計的。他並表示，7月2日會有一個大會（Town Hall Meeting）讓大家一起了解並討論。

以上就是威廉派特森大學在新冠疫情下，從春季班到暑期班的應對情況。接下來，筆者將會提供秋季班的紀實。秋季班因為累積了大量的遠距教學的實戰經驗，各方面的處置已經不是應急，而是多方考慮下的慎重選擇。

第三章

紐澤西州立威廉派特森大學2020年秋季班（8月底到感恩節）的疫情應對現況

　　首先，校長宣布秋季班提早一週開學（8/24）。原因是根據當時很多公衛專家的預測，冬季天氣變冷，有第二波疫情的可能性極高。提早一週開學，就可以提早在感恩節（Thanksgiving）前（11/25）結束秋季班，避免師生回家過完感恩節，再回到學校，造成互相感染的情況。這裡需要補充一點：校長原本是希望提早兩週開學（8/17），但是他只有提早一週開學的決定權，超過一週需要工會同意。因為暑期班剛剛結束，老師們不希望假期縮短太多，投票否決了提早兩週開學的決定。

　　另外，教務長也推出了幾種教學模式（Teaching Modality），要求老師選擇。選擇後系主任呈報給院長批准後實施：

　　1. 1000等級的課程（大部分是給新生的課程），優先使用大教室。在符合州政府要求的室內社交距離（Social Distance）的規定下，保障所有的新生，能夠在面授的教學模式下，獲得最大程度的大學生活體驗。這個措施，對學校提高新生的入學率及二年級學生的復學率（retention rate），預計會有很大的幫助。學校過去幾年，一直致力於提高一年級生，在二年級時繼續選擇本校就讀的比例（retention rate）。比例越高，學校的財務狀況就越能獲得改善。春季班及暑期班的經驗表明，許多學生在不習慣或不願意接受遠距教學的情況下，選擇了延後就讀或是推遲畢業時間。對新生採取面授，很大程度上鼓勵了高中畢業生，準時入學。面授也能增進學生對學校的認同感，進而提高復學率（教1000等級的課程的老師，只能面授，沒有其他選擇）；

　　2. 2000等級及以上的課程，有三種教學模式供老師選擇：混成一（Hybrid 1）、混成二（Hybrid 2）及混成彈性（HyFlex）。以一個星期上兩次課（假定是星期二跟星期四），一次課75分鐘的課程為例：

　　混成一（Hybrid 1）：這一個星期，星期二，前半段的學生到校面授；星期四，後半段的學生到校授課；兩天的授課內容一致。下一個星期，全部的學生接受遠距教學，可以是同步，也可以是非同步。

　　混成二（Hybrid 2）：這一個星期，星期二或星期四，前半段的學生到校面授，剩下的時間，全部的學生接受遠距教學，可以是同步，也可以是非同步。下一個星期，星期二或星期四，後半段的學生到校面授，剩下的時間，全部的學生接受遠距教學，可以是同步，也可以是非同步。

　　混成彈性（HyFlex）：這一個星期，星期二或星期四，前半段的學生到校面授，後半段的學生同步接受遠距教學，剩下的時間，全部的學生接受遠距教學，可以是同步，也可以是非同步。下一個星期，星期二或星期四，後半段的學生到校面授，前半段的學生同步接受遠距教學，剩下的時間，全部的學生接受遠距教學，可以是同步，也可以是非同步。

　　以下有筆者用混成彈性（HyFlex）教學，同時兼顧線下及線上學生的圖片供讀者參考：

圖7-1　教室擺設從一張桌子配兩張椅子，改為一張，保持社交距離。

圖7-2　筆者上課同時兼顧線上與線下的學生

　　提出這麼多種不同的教學模式供老師選擇，學校的目的是希望在有限的大教室的資源下，讓新生都能夠接受面授，獲得更多的協助，體驗大學生活，對學校產生向心力；而大二以上的學生，都能保證有一定比例的機會，跟教授面對面的學習。而這一切都要在維持社交距離或降低社交接觸的情況下完成。

　　秋季班開學前一兩週，這些複雜的教學模式，確實讓老師們花了不少的時間去理解，選擇，然後根據選擇重新調整授課大綱。學生們更是一頭霧水，不知道該如何選課。經由教務長跟老師們反覆的溝通，老師們跟學生提前（開學前）的重複提醒，開學後因為複雜的教學模式而造成的問題似乎都一一迎刃而解。

　　也許有讀者會覺得，從學生的角度來說，取消面授應該是最好的吧（不用通勤到校，又可以避免可能的病毒傳播）。筆者親身的體驗，事實並不完全是如此。有些學生確實覺得面授的學習效果較佳；也有些學生並不完全相信或害怕病毒，喜歡到校跟同學老師互動，維持疫情前的生活及學習狀態；更有些學生，因為跟家人關係不好，或其他種種的家庭因素，非常需要學校這個生活

上的避風港。學校硬體的開放，給了這些學生一個去處；某種程度的維持面授，也滿足了部分學生的學習需求。身為一所州立大學，學校的這些安排，算是盡心盡力的服務州民了。

　　如之前所強調的，秋季班的教學安排，是累積了春季班跟暑期班的經驗，精心設計的。教學的持續性固然重要，教學的品質維持，更是重新回到了它應該被重視的位置。老師們不能再隨心所欲的授課，而是要按照所選擇的教學模式進行（教學內容當然還是有學術自由的保障）；對學生的要求，也基本回到疫情前的水準（儘管教務長還是鼓勵老師要保持彈性，給學生多一點的機會）。比如說春季班及暑期班，學校有一個政策，是學生可以在得知學期成績後，把較差的成績（例如：D、C-、C等），改成通過（Pass）。如此一來，學生的平均成績（GPA）不會受到影響。但到了秋季班，這個政策只適用於1000等級的課程。

　　截至2020年11月20日，學校總共有53例學生確診病例（其中34例已康復），13例教職員工確診病例（其中6例已康復）。11月25日，標誌著威廉派特森大學，成為少數保持某種程度的面授教學，並順利完成秋季班的大學之一。

　　以下有學校具體的防疫措施圖片供讀者參考：

圖7-3

圖7-4

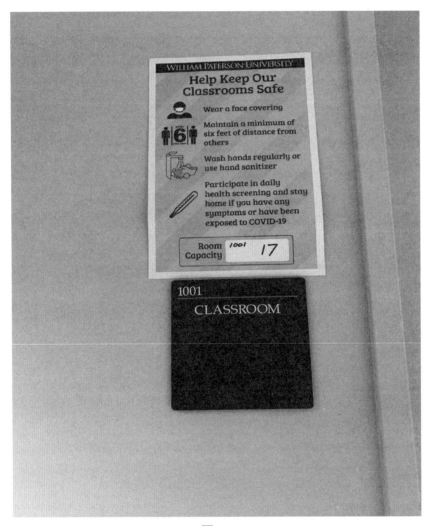

圖7-5

圖7-6

第四章

感想及結語

筆者身為這整個過程中的參與者，在秋季班結束之時，既覺得辛苦，又覺得與有榮焉。遠距教學對一個負責任的教授來說，工作的時數及要求絕對是有增無減的。但另一方面，能夠為學生在疫情中帶來某種程度的一切正常的感覺，也算是對社會盡了一份力量。

如今，在2021年的春季班回顧2020年，筆者感覺整個2020年的教學過程，的確經歷了一個「質」的蛻變：由一開始的教授單向，藉由電子郵件或教學管理系統（Blackboard），安排大學生或研究生自學及繳交作業；到後來的雙向，藉由ZOOM或Microsoft Meet遠距會議軟體進行互動及各類教學活動（例如：分組討論）。這將近一年的遠距教學實踐，已經在2021年的年初，推動了美國高等教育界認真探討遠距教學全面取代面授的可能性；然而，因為遠距教學而失去的人跟人面對面對話的腦力激盪及其產生的創意，也令許多專家學者憂慮。儘管許多美國大學已紛紛宣布2021年秋季班將恢復到疫情前的教學狀態，筆者認為，遠距教學與面授兩種教學方式的競爭，在可預見的將來，即使不是遠距教學大獲全勝，也將是遠距教學跟面授分庭抗禮的局面。

從一個管理策略學者的角度來說，疫情讓筆者看到了資源（Resource）、能力（Capability）及核心競爭力（Core Competency）的實務應用。學校只有資源（例如：電腦、網路及教學管理平台），沒有能力（例如：受過遠距教學訓練的教授），也沒有辦法在疫情下產生核心競爭力（例如：完成了帶有面授成分的秋季班）。如何在平時儲備資源，培養能力，進而擁有核心競爭力，是連大學都該深思的一個問題。

從一個大學教授，但非教育專長的角度來說，筆者想在最後，提供一些問題，供教育學者討論並提供解答：

1. 遠距教學時，學生不開視頻或音頻怎麼辦？（比如有學生覺得羞於讓

同學看到家裡破舊的擺設，老師們還能強迫學生開視頻嗎？）

2. 上課內容錄下來還是不錄？若錄下來，版權歸學校還是歸老師？

3. 點名不點名？如何辨別學生是因為技術問題沒法準時上課還是偷懶？

4. 混成彈性教學時，如何有效同時兼顧線上及線下的學生？

當然，遠距教學問題的深度及廣度，遠遠超過筆者隨筆而提的四個問題。希望藉由筆者這篇紀實（從商學院的角度來說，可以說是一個個案探討），能夠引起關注，促進討論，讓大家能做好準備，迎接高等教育可能即將面對的新常態（New Normal）！

參考文獻

第一篇：

田孟心（2020）。**邊上課邊追劇，容易恍神分心…遠距教育如何有效學習？**。天下雜誌官網。2021年3月2日，取自：https://www.cw.com.tw/article/5099460?template=transformers

教育部（2020）。**教育部經中央流行疫情指揮中心同意發布校園停課標準**。2021年3月2日，取自：https://www.edu.tw/News_Content.aspx?n=9E7AC85F1954DDA8&s=71323432C4925C0F

第二篇：

林燕珍（2020）。高等教育數位學習的現況與未來。**2020數位教育的創新與變革──後疫情下的學習驅動研討會**，國立清華大學，新竹市。

殷健雄（2020）。〈Google Hangouts Meet、 LINE、Zoom及Evercam軟體介紹簡報〉。未出版之原始資料。

陳定邦（2020）。**認證審查流程及工作說明**。2021年3月2日，取自： https://ace.moe.edu.tw/cert_movie/index

教育部（2020a）。**教育部遠距教學交流暨認證**。2021年3月2日，取自：https://ace.moe.edu.tw/about_us

教育部（2020b）。**數位學習課程認證指標及評定規準修正對照**。2021年3月2日，取自: https://ace.moe.edu.tw/file_download/index/?c=2

維基百科（2020a）。臺灣（維基百科文字資料）。2021年3月2日，取自：https://zh.wikipedia.org/wiki/%E8%87%BA%E7%81%A3

維基百科（2020b）。臺灣高鐵（維基百科文字資料）。2021年3月2日，取自：https://zh.wikipedia.org/wiki/%E5%8F%B0%E7%81%A3%E9%AB%98%E9%90%B5

Bonk & Khoo (2014). *Adding some TEC-VARIETY: 100+ activities for motivating and retaining learners online*. Retrieved from https://www.researchgate.net/publication/263616695, 03/02/2021

第三篇：

宗靜萍（2005）。**空中大學成人學習風格與網路學習成就之相關研究**（未出版博士論文）。國立臺灣師範大學，臺北市。

宗靜萍、嚴正誼（2020）。網路教學者的觀察與省思──當同步線上直播成為教學與 學習媒體時。**教育傳播與科技國際學術線上研討會**（TAECT 2020），淡江大學，新北市。

Ambrose, S., Bridges, M., DiPietro, M., Lovett, M., & Norman, M. (2010) *How learning works: 7 Research-Based principles for smart teaching.* San Francisco: Jossey-Bass.

EDUCAUSE (2020). *Horizon report teaching and learning edition.* Retrieved from https:// library.educause.edu/resources/2020/3/2020-educause-horizon-report-teaching-and-learning-edition, 03/02/2021

Marton, F (1998). Towards a theory of quality in higher education, in Dart, B. and Boulton-Lewis, G. (eds.), *Training and Learning in Higher Education: From Theory to Practice*, ACER, Melbourne.

MIT Open Course Ware (2020). *Site statistics.* Retrieved from https://ocw.mit.edu/about/site-statistics, 03/02/2021

Motiwalla, L. & Tello, S. (2000). Distance learning on the internet: An exploratory study. *The Internet* and Higher Education, 2 (4), 253-264.

第四篇：

余美雪（2015）。**翻轉教室學習者準備度量表之設計與驗證**（未出版博士論文）。國立中山大學，高雄市。

黃品齊、葉錦樹、簡桂彬、梁至中（2020）。體育教師教學自我效能與科技教學內容知識關係之探討。**數位學習科技期刊**，12（1），83-108。

劉冠辰、柯志祥（2020）。以資訊科技融入eduScrum教學模式之課程設計及實施。**數位學習科技期刊**，12（1），23-53。

聯合國新聞（2020）。聯合國秘書長報告：新冠疫情對全球15億兒童和青年造成影響，**聯合國新聞**。2021年3月2日，取自：https://news.un.org/zh/story/2020/04/1055202

謝州恩（2013）。鷹架理論的發展、類型、模式與對科學教學的啟示。**科學教育月刊**，364，2-16。

Bonk, C. J. (2020). Pandemic ponderings, 30 years to today: Synchronous signals, saviors, or survivors? *Distance Education, 41*(4), 589-599.

Bonk, C.J. & Khoo, E. (2014). *Adding Some TEC-VARIETY: 100+ Activities for Motivating and Retaining Learners Online*. OpenWorldBooks.com and Amazon CreateSpace.

Flipped Learning Network. (2014). The four pillars of f-l-i-p™ . Retrieved from http://classes.mst.edu/edtech/TLT2014/BCH120/Abkemeier--FLIP_handout_FNL_Web.pdf, 03/02/2021

Moore, M. & Kearsley, G. (2012). *Distance education: A systems view of online learning*. Belmont, CA: Wadsworth.

Wood, D., Bruner, J. S., & Ross, G. (1976). The role of tutoring in problem solving. *Journal of Child Psychology and Psychiatry, 17*, 89-100.

第五篇：

快樂日文村（屬於日文學習部落格）。2021年3月2日，取自：https://blog.xuite.net/raso66/wretch

長崎縣教育委員會（2018）。**遠隔教育システムを用いた国内外の大学等との連携による教育効果について**。2021年3月2日，取自：https://www.mext.go.jp/component/a_menu/education/detail/__icsFiles/afieldfile/2019/07/24/1418848_03.pdf

維聖資訊科技有限公司（2016）。**中國科技大學【Moodle 學習平台】基礎操作手冊──教師版**。2021年3月2日，取自：http://moodle.cute.edu.tw/pluginfile.php/75343/mod_resource/content/2/CUTe_moodle1042%E5%9F%BA%E7%A4%8E%E6%93%8D%E4%BD%9C%E6%89%8B%E5%86%8A_%E6%95%99%E5%B8%AB%E7%89%88.pdf

日本文部省（2020a）。**遠隔教育システム活用ガイドブック第二版**。2021年3月2日，取自：https://www.mext.go.jp/a_menu/shotou/zyouhou/detail/1404422.

htm

日本文部省（2018b）。**教育のICT化に向けた環境整備5か年計画（2018〜2022
年度）**。2021年3月2日，取自：https://www.mext.go.jp/a_menu/shotou/
zyouhou/detail/1402835.htm

桜との出会い（屬於跨文化日文作文部落格）。2021年3月2日，取自： http://
raso66.blogspot.com/

Bonk, C.J. & Khoo, E. (2014). *Adding Some TEC-VARIETY: 100+ Activities for
Motivating and Retaining Learners Online*. OpenWorldBooks.com and Amazon
CreateSpace.

Simonson, M., Smaldinom, S., & Zvacek, S.(2007)。**遠距教學與學習 —— 遠距教育的
基礎**（沈俊毅譯）。臺北市：心理。

第六篇：

中國文化大學TEAMS網路教學平台。2021年3月2日，取自：https://teams.
microsoft.com/_#/school/conversations/%E4%B8%80%E8%88%AC

中國文化大學課業輔導系統。2021年3月2日，取自：https://icas.pccu.edu.tw/
cfp/#my

科技部（2021）。科技部補助研究計畫學術補助獎勵查詢。2021年3月2日，取
自：https://wsts.most.gov.tw/STSWeb/Award/AwardMultiQuery.aspx

Esor Huang (2021)。Webex, Teams, Meet, Jitsi 8款視訊會議軟體需求測試比較表
格。2021年3月2日，取自：https://www.playpcesor.com/2020/04/webex-
teams-meet-jitsi-8.html

國家圖書館出版品預行編目資料

遠距教學理論與實務／陳信助，趙貞怡，李佳
融，宗靜萍，李佳玲，羅素娟，柴昌維，趙
貞和著. -- 初版. -- 臺北市：五南圖書出
版股份有限公司，2021.03
　　面；　公分
　ISBN 978-986-522-507-0（平裝）

1.遠距教學　2.數位學習　3.論述分析

521.52　　　　　　　　　　　110002532

5R34

遠距教學理論與實務

作　　　者 ─ 陳信助、趙貞怡、李佳融、宗靜萍、李佳玲、
　　　　　　　羅素娟、柴昌維、趙貞和

發 行 人 ─ 楊榮川

總 經 理 ─ 楊士清

總 編 輯 ─ 楊秀麗

主　　　編 ─ 陳信助

執行主編 ─ 高至廷

責任編輯 ─ 張維文

封面設計 ─ 王麗娟

出 版 者 ─ 五南圖書出版股份有限公司

地　　　址：106台北市大安區和平東路二段339號4樓

電　　　話：(02)2705-5066　　傳　真：(02)2706-6100

網　　　址：https://www.wunan.com.tw

電子郵件：wunan@wunan.com.tw

劃撥帳號：01068953

戶　　　名：五南圖書出版股份有限公司

法律顧問　林勝安律師事務所　林勝安律師

出版日期　2021年3月初版一刷

定　　　價　新臺幣280元

經典永恆・名著常在

五十週年的獻禮——經典名著文庫

五南，五十年了，半個世紀，人生旅程的一大半，走過來了。

思索著，邁向百年的未來歷程，能為知識界、文化學術界作些什麼？

在速食文化的生態下，有什麼值得讓人雋永品味的？

歷代經典・當今名著，經過時間的洗禮，千錘百鍊，流傳至今，光芒耀人；

不僅使我們能領悟前人的智慧，同時也增深加廣我們思考的深度與視野。

我們決心投入巨資，有計畫的系統梳選，成立「經典名著文庫」，

希望收入古今中外思想性的、充滿睿智與獨見的經典、名著。

這是一項理想性的、永續性的巨大出版工程。

不在意讀者的眾寡，只考慮它的學術價值，力求完整展現先哲思想的軌跡；

為知識界開啟一片智慧之窗，營造一座百花綻放的世界文明公園，

任君遨遊、取菁吸蜜、嘉惠學子！